本书得到北京市古籍整理出版专项经费资助

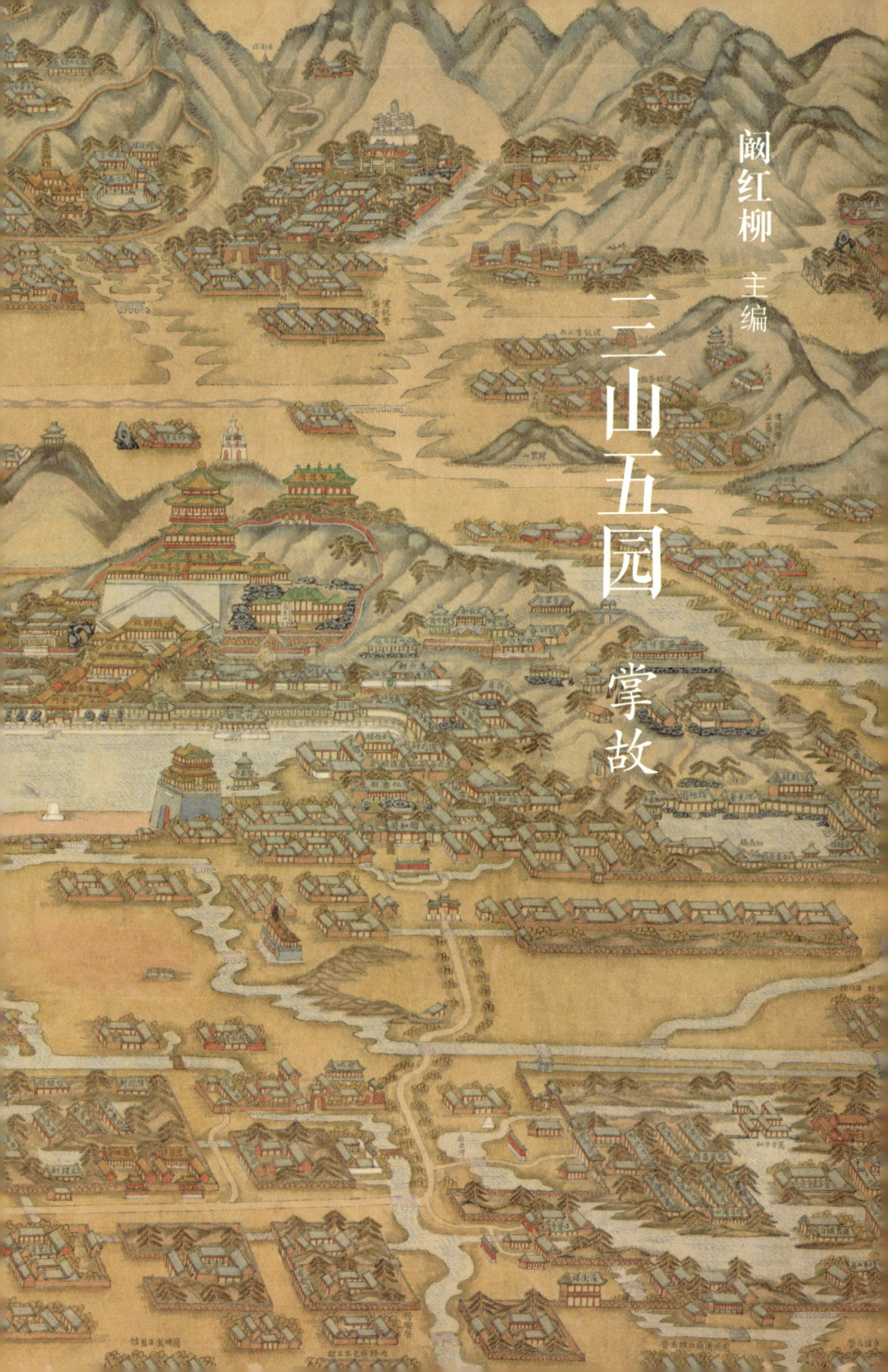

阚红柳 主编

三山五园掌故

图书在版编目（CIP）数据

三山五园掌故 / 阚红柳主编 . —北京：北京联合出版公司，2019.11
ISBN 978-7-5596-3558-7

Ⅰ.①三… Ⅱ.①阚… Ⅲ.①宫苑-掌故-北京 ②古典园林-掌故-北京 Ⅳ.① K928.73
中国版本图书馆 CIP 数据核字（2019）第 184480 号

三山五园掌故

主　　编：阚红柳
责任编辑：申　妙
封面设计：刘　洋
出版发行：北京联合出版有限责任公司
　　　　　北京联合天畅文化传播有限公司
社　　址：北京市西城区德外大街 83 号楼 9 层
邮　　编：100088
电　　话：010-64258472-800
印　　刷：北京富诚彩色印刷有限公司
开　　本：787mm×1092mm　1/16
字　　数：300 千字
印　　张：14.5 印张
版　　次：2020 年 1 月第 1 版
印　　次：2020 年 1 月第 1 次印刷
ISBN 978-7-5596-3558-7
定　　价：58.00

文献分社出品
未经许可，不得以任何方式复制或抄袭本书部分或全部内容
版权所有，侵权必究

作者简介

阚红柳，辽宁人，历史学博士。现为中国人民大学清史研究所副教授，副所长，清代皇家园林研究中心常务副主任，中国人民大学人文北京（人文奥运）研究中心研究员。从事清代学术思想史、历史文献学、清代皇家园林历史文化方面的教学和科研工作。主要成果有专著《清初私家修史研究——以史家群体为研究对象》（人民出版社2008年）、主编《海外三山五园研究译丛》（首都师范大学出版社2015年），《畅春园研究》（首都师范大学出版社2015年）等，在国内公开发表学术论文五十余篇。

目 录

- 康熙皇帝的畅春园 … 01
- 畅春园逸虎食人 … 10
- 皇太子读书无逸斋 … 17
- 西人眼中的康熙帝与畅春园 … 24
- 皇家园林里的「白衣学士」 … 32
- 圆明园内争蟹案 … 39
- 圆明园传胪纪事 … 43
- 颐和园的第一盏电灯 … 50
- 颐和园重建之谜 … 52
- 谈谈「瓮山铡草」 … 62
- 乾隆为什么没有诗赞「金光穿洞」？ … 69
- 玉泉山天下第一泉 … 72
- 清帝苦热与园林避暑 … 79
- 御园赏荷旧事 … 87
- 隆冬京城话冰雪 … 96

- 「下园」杂说 105
- 灵囿驯鹿不为赏 111
- 稻香十里听秧歌 117
- 三山五园与清代太后的奉养 123
- 《四库全书》与四库七阁的坎坷命运 132
- 清宫御苑中的「出版社」 137
- 曹雪芹故居何处寻 150
- 《红楼梦》中的「俄国风」 158
- 帝京风行花神庙 167
- 慈禧其人 176
- 慈禧的小名 183
- 红颜祸国？从年妃之死看雍正「整肃」 190
- 马戛尔尼还是马嘎尔尼？ 202
- 「改十为于」说遗诏 209
- 乾隆年间碧云寺山泉阻塞事件 216

康熙皇帝的畅春园

阚红柳

清人吴振棫称："计一岁之中，（康熙帝）幸热河者半，驻畅春者又三之二。"建于北京西郊的畅春园，自建成使用以来，在康熙一朝，不仅是康熙皇帝日常生活的主要居所，而且逐渐成为他处理王朝行政事务，塑造社会文化空间的重要场所。离宫御苑的一草一木、一殿一阁，均浸染了康熙帝的园林观念以及生活理想、政治理念和文化诉求。

水土清佳的疗疾佳所

康熙十八年（1679年）入秋之后，京城地震，倾倒民居，压伤人口，加上山东、河南等地水旱相续，米价腾贵，百姓饥馑，令关注民生的康熙皇帝寝食不安，心怀不畅，积劳成疾。养病期间，他到京城西郊游览，偶见已经部分废弃荒芜的前明武清侯李伟所建私

玄烨便服写字像

家园林——李园，林木葱郁，泉水清幽，自然美景令康熙帝乐而忘忧，身心舒畅，于是下定决心，依照旧园规模，兴建御园。从畅春园建园之初，在康熙帝眼中，此地即为水土清佳的疗疾佳所。

康熙二十八年（1689年），孝懿仁皇后病重去世，康熙帝"因岁旱之故，抑郁靡宁，兼遇丧事，体加劳瘁"，故而"圣躬不安，天颜清减"。为颐养身心，康熙帝曾于十一月十九日驻跸畅春园，但当天即返回宫中。这次患病，康熙帝身心俱疲，时至次年，仍身体消瘦，疲惫不堪，以至于九卿在康熙二十九年（1690年）郑重上疏，请求皇帝保重身体，注意调养。康熙帝遂选择畅春园作为养病的主要场所。

康熙二十九年是畅春园建成后皇帝亲临次数最多的一年，据《实录》《起居注》等史料所见，康熙帝九次驾临畅春园，借山水自然之风光，聊以养病，聊以解忧。当时，山东巡抚佛伦通过阅读邸报得知康熙帝"圣躬违豫"，上奏折表示非常忧虑皇帝的身体，"不胜战栗""坐卧不安"，康熙帝收到奏折后朱批回复："朕体大安了，仍幸畅春园调养。"说明畅春园的疗养效果得到了皇帝的认可。一年来在畅春园的病中疗养生活，加深了康熙帝的印象，提升了畅春园的地位。康熙帝于此年设畅春园总管大臣，加强了对畅春园的管理。以后驻跸畅春园的次数日渐增多，畅春园发展成为仅次于紫禁城的皇帝居所。

康熙三十二年（1693年）五月，康熙帝患上了疟疾，"隔一日来一次，甚重"，健康堪忧，以致不能理政。罹患疟疾病程长达二十天，大病刚愈，身虚体弱的皇帝立刻就起程赴畅春园进一步调养。可见，畅春园作为病后颐养之所，有益身心健康的观念已深入康熙皇帝之心。康熙四十六年（1707年），康熙帝晓谕内大臣、大学士、九卿等："驻跸畅春园，水土亦佳，是以身体强健，步履安和，好不知倦，并无头眩足痛之苦。虽寻常小疾，亦一无所萌。"康熙帝对畅春园水土的信任甚至影响到朝中大臣，康熙五十七年（1718年）三月初六日，春天的畅春园群花盛开，景色怡人，诸王、大臣奏请康熙帝驻跸畅春园，理由是可"因其水之善，以调养身体"。

康熙皇帝读书像

以山水自然的美景，治愈人世间之烦忧与纷扰，故而每每疾病最严重的阶段过后，皇帝都会亲赴畅春园调养身体。以畅春园为疗疾之所的认识一直持续到康熙帝病逝。康熙六十一年（1722年）十一月初七日，感到身体不适的康熙帝自南苑迅速回驻畅春园，投奔理想中的疗疾之所。年老体弱的皇帝仍满怀病愈的希望，自初十日至十二日，康熙帝均传谕给朝臣，"朕体稍愈"。但至十一月十三日，终卒于畅春园内清溪书屋。在康熙帝心目中，畅春园水土洁净，环境幽美，始终是排遣烦恼和调养身体的理想之地。

乐享天伦的生活空间

"宫馆御苑,足为宁神怡性之所",康熙帝兴建畅春园的最初动机还包括怡情养性,调剂生活。康熙帝曾亲笔撰写《畅春园记》,说明园林的生活功能:

每以春秋佳日,天宇澄鲜之时,或盛夏郁蒸,炎景烁金之候。几务少暇,则祗奉颐养,游息于兹。足以迓清和而涤烦暑,寄远瞩而康慈颜。扶舆后先,承欢爱日,有天伦之乐焉。

畅春园为久居皇城之中,政务繁忙的君主提供了排忧解愁、乐享天伦的生活空间。

畅春园是康熙帝亲近自然、乐享田园渔猎之所。畅春园是一座山环水抱的水景园,园内河湖可以行舟,亭台楼阁亦依水而建,河湖流动,增添了畅春园的自然之美。园内花木繁多,玉兰、桃花、牡丹、丁香诸花,均是康熙帝心头之爱。赏花吟诗,成为其园内生活的重要内容。康熙帝曾写诗《(畅春)园中无处无花,触目皆是,故作词自嘲》,诗中写道:

无花无酒亦氤氲,况有清香到处闻。
万紫千红虽瞬息,古稀吟咏忘辛勤。

借助园林,康熙帝得以亲身体验田园生活,甚至参与农事活动。他将江南梅花移植到园中,并尝试从清凉山移来松树栽种。除了观赏性植物,畅春园内还种植了水稻。康熙皇帝亲自培育稻种,在园内种植。关心普通百姓生活的皇帝在水稻种植中获得了民生体验，畅春园内的水稻种植将康熙帝的园林视野拓展至全天下之农业生产范畴，以一座离宫别苑的田园生活，而延伸至普通民生之根本。康熙帝时刻关注畅春园内的植物生长状况，即便离京出巡，也要求留守畅春园的皇子及时汇报相关信息，如桃花何时结蕾绽放，园内是否闹蝗虫，雨水对各种植物的影响如何，园内农作物的收割情况，等等。

河湖密布，滋生了丰富的鱼类。畅春园内水域之中游动着大金鱼、小金鱼、鲤鱼、鲛鱼、青鱼、白鱼、胖头鱼、嘎呀鱼、鲫鱼、鳝鱼、黑鱼等各种鱼类。捕鱼，是康熙帝在畅春园的活动之一。他不仅用鱼竿钓鱼，还练习撒网捕鱼。捕捉到的鱼类可供皇室亲眷共享，也可御赐给朝中诸臣，据《查他山南斋日记》记载，查慎行受命在南书房行走，校阅《渊鉴类函》，康熙帝曾馈赠其亲自捕捞的鲜鱼数十尾。另外，园中还有各种飞禽，捕鸟，也是康熙帝畅春园生活的乐趣所在。在晴朗的春日，捕捉肥美的黄鹂，是畅春园内重要的捕猎活动。畅春园是一座融合了自然美景和田园渔猎生活的综合性园林，赋予康熙皇帝以淳朴自然之美和浓郁的生活气息，洋溢着真实亲近之感。

畅春园是康熙帝京城之内的第二居所，其地位仅次于紫禁城内的皇宫，皇室成员自然也聚集在畅春园之内，乐享亲情。畅春园是皇太后常驻之地。据统计，自康熙二十六年（1687年）到六十一年（1722年）几十年间，玄烨共到畅春园249次，而专奉皇太后同来园者则有38次。皇太后在畅春园内驻跸的场所有澹泊为德行宫、闲邪存诚、谦尊堂、雅玩斋、镜峰等处。园居而孝亲，随时可向皇太后问安，每日亲奉慈颜，令皇帝尽享母子亲情。皇太后驾临畅春园，往往还会与皇子、皇孙同行，祖孙三代欢聚园中，其乐融融，乐享天伦。另外，康熙皇子多在畅春园周围建房建园，聚居于园林周围，他们在园内读书骑射，使畅春园的生活功能进一步拓展。

避喧听政的政务场所

畅春园之区分于一般私家园林的根本特点在于其皇家园林的政治属性。园居而不废政事，这是康熙帝力行不息的理政风格，他曾总结："朕听政三十年，夙兴夜寐，有奏即答，或有紧要事，辄秉烛裁决。"随着在畅春园居住时间的不断增长，园居理政的权宜性渐趋转为常态。自康熙二十七年（1688年），康熙帝在畅春园内的听政地点固定为畅春园内澹宁居。以帝王为权力中心的王朝，其政治核心地带往往随皇帝所处地域的变换而产生变化。至康熙朝，畅春园的政治地位亦因皇帝的久居而随即确立。换言之，畅春园成为紫禁城外京城的又一政治核心地带。

畅春园是处理各类朝廷政务的中心。康熙帝在园内处理的政事种类多样，包括引见臣僚、任命官员、庶吉士散馆、阅试武举骑射、赐宴蒙古王公大臣、接见外国使节，等等。如翰林等官员轮值南书房是康熙朝政治的特色之一。康熙三十三年（1694年），翰詹官员入内轮值的南书房制度形成。轮值南书房的翰林等官员，除了帮助皇帝处理章奏外，还与皇帝吟诗唱和，是康熙帝处理政务之余调整工作节奏、放松休息的得力助手。康熙帝通过与翰詹官员的学术交流、讨论和互动，增进了对传统文化的认识，并进一步笼络、控制汉臣，以维护清朝的统治。畅春园内，建有南书房值庐。皇帝驻跸时，南书房词臣按照惯例也随从入值。

畅春园远在西郊，朝臣赴园办理事务，往往天还没亮就要出门，晓出暮归，备极辛苦，如甘汝来所述：

黯淡星光玉漏迟，忽忽夜出便门西。
远灯明灭依荒寺，春水澄鲜淡绿溪。
月到树头惊犬吠，梦回马上听莺啼。
最怜曙色依微里，麦垄才过又柳堤。

查慎行诗注中亦有："三月十八日，晓出西便门，至畅春园天始明。"官员们披星戴月，往往行进到畅春园，天色刚蒙蒙亮。为了公务方便，畅春园周围开始修建一些小型园林，作为官员们临时休息的场所，也有不少官员在西郊一带赁屋居住，客观上对西郊一带经济发展有所推动。

在畅春园内处理的政务中，又以民族事务以及对外事务更具代表性。为加强满蒙关系，康熙帝多次在畅春园内赐宴给外藩蒙古，并逐渐形成定例。园内赐宴的场所有含淳堂、万寿亭、万树红霞、九经三事殿等处。在对外交往方面，畅春园多次成为接见外国来使之地，如康熙五十九年（1720年），在畅春园的九经三事殿，康熙帝接见了葡萄牙使臣斐拉理、罗马教王使臣嘉乐等。除了各国使臣外，来华传教士如白晋、张诚、李明、马国贤等也得到允许出入畅春园，为畅春园的历史增添了国际色彩。

畅春园在王朝政务活动中发挥的作用越来越大，政治地位也不断提高。自康熙四十四年（1705年）起，皇子胤祉报告皇父的奏折中，畅春园与京城并列；康熙五十三年（1714年）修订历法，畅春园与观象台并为测验地，制定历法以北极高度，黄赤距度的数据最为紧要，而这些数据，康熙帝均令于畅春园内澹宁居后逐日测量。这些均体现出畅春园作为政务场所，在王朝统辖领域之中至高无上的政治地位。

稽古右文的文化殿堂

对酷爱传统文化的康熙皇帝来说，畅春园是其读书学习、修身养性之所，亦为其推行崇儒重道、稽古右文、满汉一体文化政策的殿堂。借助园林营造的自然生态空间，康熙帝将个人文化修养的提升与清王朝的文化建设紧密关联，力求营造传承和发展传统文化的人文环境，进而实现教化天下的文化目标。

畅春园是康熙帝的读书处和藏书处。康熙帝和诸皇子均读书园中，畅春园自然成为一处比较集中的皇室藏书处，园内的佩文斋、渊鉴斋、讨源书屋、清溪书屋等处，均有大量藏书。畅春园也是康熙帝的修书处，康熙帝在位期间园内编修了数部大型书籍。如蒙养斋原为皇子们读书的地方，后来为了编纂书籍，康熙帝命一批从全国征召来的著名学者，如方苞、魏廷珍、何国宗、梅瑴成、明安图等集中在此处编纂书籍，蒙养斋成为临时性的修书机构。在畅春园内，康熙帝就编修律吕、历法、算法三书的具体问题，与学者们充分讨论交流。康熙六十一年（1722年），《律历渊源》一书全部完成，共一百卷，由《历象考成》《数理精蕴》《律吕正义》三部分组成，康熙帝很满意，只可惜未来得及颁发序文，康熙帝就驾崩了，该书最终到雍正朝才正式刊印。此外，《佩文韵府》《渊鉴类函》则分别修成于畅春园内的佩文斋、渊鉴斋。以佩文斋冠名的官修书籍还包括《佩文斋咏物诗选》《佩文斋广群芳谱》《佩文斋书画谱》等。据高士奇记述，他还曾在畅春园中编纂方略。

康熙帝比较尊重并敢于提拔使用汉族知识分子，畅春园还是康熙帝赏赐汉臣的重要场所。游览畅春园是对汉臣至高的奖赏，如高士奇59岁时告老还乡，康熙让他遍游畅春园，赐给他酒和亲笔书写的"莱衣昼锦"四字，以示衣锦荣归；园内赐宴是赏赐的另一种方式，康熙三十四年（1695年），陈廷敬58岁，召赴畅春园，赐食瑞景轩；赐御书，是又一种恩赏，康熙帝常在佩文斋作书画，赏赐给汉臣。畅春园各式各样的赏赐活动不仅表明了康熙帝对汉族知识分子的文化态度，而且也体现出皇帝与汉臣之间的情感交流。如李光地，在呈送给皇帝的奏折中，对蒙恩赐见畅春园感激涕零："此月（指康熙五十年十二月）初二日，蒙于畅春园赐见，龙颜霁悦，天语温和，亲观臣病患所在，殆非臣下所克承当。"皇帝利用风景佳丽之地，开展各种文化活动，加强与朝臣的互动与交流，并以之为示范，昭告天下，畅春园内满族君主和汉臣和睦相处，融融洽洽。

在康熙皇帝的心目中，畅春园集病体颐养、家庭生活、政务处理、文化建设数种功能于一体，是其一手打造的多元化理想居所。畅春园不仅是连接生态、自然与政治、人文的过渡空间，是沟通庙堂之高与江湖之远的桥梁，同时也是联系皇帝个人与家庭、帝王与朝臣的亲情纽带。

（作者单位：中国人民大学清史研究所）

畅春园逸虎食人

阚红柳

据清人钱泳所撰笔记《履园丛话》记载：清嘉庆二十五年（1820年）五月二十七日晚，北京城雷电轰鸣，大雨倾盆。次日清晨，西北郊的畅春园传来骇人听闻的消息，园内虎圈中有一只猛虎于晚间从笼槛内逃出，与三个相约到前湖赏荷花的太监狭路相逢，形势危急，两个太监急中生智，纵身跳入湖中，幸免于难，而另外一个则不幸死于虎口。逸虎食人之后，窜出园外，消息传出，举城震惊。畅春园所处的地理位置，为清代历史上著名的三山五园区域，除了畅春园之外，还有圆明园、万寿山颐和园、玉泉山静明园以及香山静宜园等皇帝经常居住的离宫御苑。皇家园林区也是皇亲国戚以及侍从和值班的朝臣往来和聚居的集中地，换言之，此一区域奔走来往的多是举足轻重的朝臣或显贵，故而老虎再次伤人，甚至伤及贵人的危险系数极高，而且，此处毗邻西山，峰峦叠嶂，林深叶茂，一旦纵虎入山，围捕困难不说，后患无穷。

逸虎逃窜,嘉庆皇帝急命侍卫追捕。五天后,经侦查获悉逸虎踪迹,急命三额驸(科尔沁扎萨克郡王索特纳木多布斋,娶嘉庆皇帝第三女和硕庄敬公主)率众杀虎。诗人张恒润以《杀虎行》记述此事:

猛虎一跃万山过,胡能饮啄于柙中。
忽闻夜半破柙去,人间三日鸣长风。
西山突兀云峰多,飘然入山将奈何。
六丁惟恐圣君怒,横断山路相总诃。
是时夜黑近上苑,壮士相从去不返。
挥戈四顾星满天,但闻旷野松涛远。
天晓猛虎凭高蹲,乘风势若山峰奔。
遥落林外觅不得,尺深足迹留前村。
禾黍高低隐原隰,其中虎卧谁能执。
忽惊壮士迎其前,枪刺虎胸虎人立。
绿沈之枪天下奇,上与猛虎坚相持。
虎爪双躅不得下,半空昏黑风霆垂。
欲伏壮士蹑其脑,不管霜锋入怀抱。
山石震裂山谷鸣,一声长啸颓然倒。
风沙满目午日晴,观者如堵咸无声。
遥见虎死近相视,风摇毛尾犹心惊。
壮士酒肆曾论兵,男儿自负那敢轻。
大言常遭世俗笑,今日儿女皆知名。
吁嗟乎!世俗论人以成败,以虎小试亦一快。

雍正朝服像

当时翰林院编修吴慈鹤也写诗留念：

太液莲开白于雪，三人晓起看花入。

凉风吹鬓巾袖香，池边骇见於菟（音wū tú，古人对虎的别称）出。

两人急跃清池里，一人已为虎所饵。

至尊频麾催赐金（有旨，赏银五十两与死者），一半残骸付妻子。

黑河猛将行如风，长枪大槊何豪雄。

虎知当死伏不动，翻身一箭穿其胸。

万夫挢舌军吏贺，此勇真能不肤挫。

吁嗟乎！期门羽林尽如此，太白欃枪（彗星的别名，古人认为是凶星，主不吉）安敢起！

两位诗人作为同时代的人真实再现了逸虎伤人最终被捕杀事件的始末，两首诗均极力描述侍卫们围捕恶虎的英勇壮烈场景，字里行间洋溢着对嘉庆皇帝的赞誉和王朝统治形势的自信。而到辛亥革命以后，近人郭则沄梳理顺治至宣统十朝人所写诗文，尤重以诗咏史、以诗系事的作品，辑录成《十朝诗乘》，吴慈鹤的诗也被收入，题为《畅春园逸虎食人》。其时清王朝已经崩溃瓦解，郭则沄的看法恰好与吴慈鹤相反，他认为非常事件非佳兆也，往往预示着某种危机即将来临。确实，当年七月，嘉庆帝举办木兰秋狝，不幸猝死于避暑山庄，似乎预示了逸虎食人事件的微妙结局。

这一恶性事件不由得让人追问畅春园内何以豢养猛虎的问题。据史料记载，畅春园的附园西北门内建有永宁寺，寺西为虎城，是清代皇帝养虎之处。康熙皇帝兴建畅春园，是要在紫禁城之外寻找一处水土清佳之地，作为怡情养性、避喧听政之所，故而对此地的生态环境尤为注重。康熙统治时期，畅春园一带地肥水美，锦鳞游泳，禽鸟翔集，是难得的生态保护胜地。而帝制时代在宫苑之中豢养虎豹等猛兽的传统，由来已久。据说，明太祖朱元璋定都南京时期，曾于玄武门外建虎圈，令禁军训练捕虎。明成祖朱棣迁都北京后，西苑、南海子成为明朝宫廷豢养禽兽的主要场所。康熙帝建虎城，豢养猛虎，既是宫廷传统的一种延续，同时也带有君主的个性色彩。康熙帝是历史上有名的孔武有力的皇帝，行围打猎，尤其是亲手猎虎是他津津乐道的美事。康熙帝的宠臣高士奇在《扈从东巡日录》里曾记载，康熙帝曾一日亲射三虎，而当时皇太子年仅九岁，"引弓跃马，驰骤山谷间，矢无虚发，见一虎，射之立毙"，父子相传的射虎本领令人咋舌。

庶吉士汪灏曾随康熙帝参加木兰秋狝，《随銮纪恩》一书详细记载了康熙四十二年（1703年）夏天他亲眼目睹的康熙帝猎虎风采。听到负责侦查的侍卫来报，河对岸山上有虎，康熙帝立刻命停御舟登岸，与皇太子两个各持巨枪，立于河岸之上，二十八位勇士持枪护立于四周。对岸山谷中传来虎啸的声音，康熙帝命河对岸勇士遵照部署猎虎，五名勇士遂遵旨前行，不一会儿工夫，立殪一虎。不久，康熙帝命众人围观所杀的猛虎，重三百七十斤，"黄毛黑斑，狰狞更甚"。康熙帝还告知随从人员:"虎每食一人,其耳必有一缺。"众人前观,此虎耳有数缺,竟已食数人矣。

猎虎经验丰富的皇帝于康熙五十八年(1719年)对近前侍卫谈及围猎的收获,他侃侃道来,如数家珍。"朕自幼至今,凡用鸟枪弓矢获虎一百三十五、熊二十、豹二十五、猞猁狲十、麋鹿十四、狼九十六、野猪一百三十二,哨获之鹿凡数百。其余围场内随便射获诸兽不胜记矣。朕曾于一日内射兔三百一十八。若庸常人,毕世亦不能及此一日之数也。"康熙帝热衷猎虎,建虎城以豢养小虎,待长成后放入园囿供狩猎之用,也就不难理解了。

因为康熙帝养虎,喜爱猎虎,由此演绎、杜撰出来一些有关的传说。据传,潭柘寺第二代住持法师止安和尚,曾于康熙三十九年(1700年)赴畅春园觐见康熙帝,适逢虎圈老虎发威,众人皆不敢靠近,唯独止安从容不迫,进前叱之:"汝由性暴故坠虎身,今犹不改,性必终迷。汝伏,吾为汝三皈,可得解脱耳。"老虎竟为之驯服,"帖然曳尾而去"。猛虎亦为高僧所折服,足见佛法无边,这种故事自然是借助畅春园中的虎圈衍生而来。

而黄三太(泰)杀虎救主的故事更是广为流传。据说,康熙帝往畅春园观赏吊睛白额虎,因侍卫不慎,老虎越出铁笼,死者多人。康熙帝命武臣出擒,结果也被老虎所伤,于是传旨,能杀虎者赏千金,封万户侯。黄三太(泰)正好潜藏在畅春园,伺机偷窃御前宝物,于是挺身而出,杀死猛虎。康熙帝大悦,赏穿黄马褂,并赐九挂龙。杀虎救主,足显草莽风采。这一故事也是在畅春园虎圈的基础上演绎而生,在小说、戏剧如《彭公案》《九龙杯》中不断推演,越发活灵活现,引人入胜。

故事有真有假,而畅春园建有虎城则已为清代档案所证实。据

《清宫热河档案》记载，乾隆三十七年（1772年）三月初七日，内务府总管大臣向乾隆帝奏报畅春园虎城所领肉斤数目，据奏报，按照惯例，庆丰司（内务府所属，掌牛羊畜牧事务）凡遇有倒毙的牛羊，都送往畅春园虎城作为饲养老虎的饵料，剩余部分按价格折算交回内务府广储司银库。这一则档案告诉我们，虎城久已建立，并在饲养管理方面有章可循。根据档案的内容可知，当时虎城内有大虎两只，每日各饲肉五斤；中等虎一只，每日饲肉四斤；虎崽儿两只，每日各饲肉二斤。据奏报，当年买卖牛羊肉每斤价银三分八厘，也就是说，乾隆三十七年之时虎城内大小五只虎每日饲养用银为六两有余。据此推算，一年的养虎费用约在两千两左右，大概只有皇帝能够承担了。虎城内老虎的数目显然不是固定的。到嘉庆朝，老虎的数量有显著变化。据嘉庆朝内务府总管大臣奏报的数字显示，嘉庆四年，交畅春园虎城羊一百四十七只；嘉庆十六年，交虎城羊七百二十九只；嘉庆二十四年，交虎城羊六百十四只。虎城内每年所用倒毙牛羊的数量应该与老虎的数目成正比。乾隆三十七年的数字告诉我们，五只虎每年大概要饲肉六千余斤。按照一只羊宰杀后大概净肉20公斤算，嘉庆四年时虎城内的老虎少于5只，而嘉庆十六年和嘉庆二十四年时老虎数量是乾隆三十七年的三到四倍，大概有十几二十只老虎。也就是说，老虎逃逸的嘉庆二十五年正好是虎城内老虎比较多的一年。虎多难管，趁剧烈天气变化之时逃逸窜出似乎情有可原。

然而，逸虎伤人固然与老虎数量太多有关系，但非主要原因。人员废弛、管理不善才是该恶性事件的源头。在康熙帝统治时代作为西郊政治中心的畅春园，其地位在不断下降。雍正时期，皇帝多居圆明园处理政事，畅春园主要作为纪念先皇的祭祀场所；至乾隆朝，畅春园被专辟为太后颐养天年之所。到乾隆四十二年（1777年），崇庆皇太后去世，而此后即位的嘉庆皇帝的母亲在乾隆年间就已经去世，因而作为太后奉养园庭的畅春园在嘉庆朝失去了功用，日益闲置。嘉庆朝畅春园内建筑已经有所残破，人员也多被抽调到其他苑囿，守卫日益缩减。嘉庆十年（1805年），园内春晖堂曾发生被盗事件，盗贼援墙闯入，丢失玉人、玉牛、铜瓶、铜炉等器物多件，说明宫苑的管理此时已是漏洞百出。日积月累，积重难返，嘉庆二十五年的逸虎食人事件恰恰反映了畅春园渐遭闲置、日益衰败的实际情形。

（作者单位：中国人民大学清史研究所）

皇太子读书无逸斋

阚红柳

清康熙二十六年（1687年），位于京城西郊的皇家园林畅春园建成后正式投入使用。这是清王朝在西郊建设的第一座皇家园林，山环水绕，林木自成嘉荫，恬淡宜人的自然环境赢得了康熙帝的青睐，畅春园既是适宜避喧听政的政治空间，同时也是皇帝一家避暑赏玩、日常生活的理想居所。这年六月初，正是所谓"京城酷热天下无"的溽暑时分，园内的无逸斋迎来了读书用功的皇太子——胤礽。在康熙朝记述皇帝日常生活及政务活动的档案——起居注中，康熙二十六年六月因皇太子读书无逸斋的记载而显得尤为引人注目，这是起居注中唯一的一处皇太子读书情况的载述，同时也是康熙一朝文献档案中极为难得的皇太子读书的历史记录。

父与子：慈父与"虎爸"康熙帝

康熙十三年（1674年）五月三日，康熙帝的第一任皇后赫舍里氏产下皇次子胤礽，产后当天即不幸去世。胤礽出生即丧母，康熙帝极为关爱，留在身边亲自教养，并于康熙十四年（1675年）十二月发布诏书，立虚岁只有两岁的胤礽为太子。胤礽6岁时，康熙帝又特地在紫禁城东部的后宫禁地（乾清门东门，景运门外）建造毓庆宫，供他学习和生活。畅春园内的无逸斋，也是建来专供皇太子读书的。对胤礽，康熙帝堪称慈父。

无逸，出自《尚书》："君子所其无逸！先知稼穑之艰难乃逸，则知晓小人之依。"反映的是周公劝诫成王不要贪图安逸而荒废政事的言辞。畅春园内的无逸斋，匾额为康熙帝御书，取"无逸"之义鞭策清代帝王园居而不忘政务，时时刻刻以勤政为宗旨，同时告诫子弟珍惜时间，勿事嬉游。无逸斋的地理位置，在二宫门内，畅春园西路偏南，与太后所居之春晖堂、寿萱春永以及康熙帝处理政务常居的澹宁居基本上是平行状态，非常便于祖孙三代密切接触。无逸斋内"几有陈编览，斋无玩物凭"（乾隆帝诗），周围则环境幽静凉爽，有竹林摇曳，有荷塘飘香，故很久之后，乾隆帝在无逸斋小憩，留有"荷风凉拂簟，竹气静当轩"之句，证实是一处清幽静谧的读书所在。胤礽迁居西花园之后，这里成为康熙时年幼皇子的读书场所。康熙帝驾崩，畅春园一度不受关注，到乾隆帝统治时期，重新修缮畅春园，作为奉养太后的苑囿，而无逸斋则成为乾隆帝给太后请安后临时休憩时传膳办事之所。

胤礽在13岁之前的学习，是康熙帝亲自教导的。康熙帝从培养储君的角度，对皇太子胤礽督责甚严。他曾说："自古帝王，莫不以豫教储贰为国家根本，朕恐皇太子不深通学问，即未能明达治体，是以孳孳在念，面命耳提，自幼时勤加教督，训以礼节，不使一日暇逸，曾未暂离左右。"为此，康熙帝在宫中亲自为皇太子讲授"四书五经"，还要求胤礽必须逐日将所授内容背诵复讲，以收精熟贯通之效。胤礽曾对讲官们说："皇父虑予幼稚，不知勤学，日以为念，即一字一画无不躬亲详示，勤加训诲。"以康熙二十六年起居注所载无逸斋中读书的皇太子的学习习惯来看，这种父子教育模式是很严厉和刻板的，康熙帝可谓清朝的"虎爸"。他曾经说过："皇太子从来惟知读书，嬉戏之事一切不晓。即朕于众子，当其稚幼时，亦必令究心文学，严励礼节者，盖欲其明晓道义，谦以持身，期无陨越耳。"

兼具慈父与"虎爸"双重身份的康熙帝，在皇太子胤礽的早期学习培养过程中，发挥了主导作用。胤礽读书勤奋，每背诵经文，以一百二十遍为率，虽显拘泥刻板，但背诵纯熟，而且举止、风度颇具气象，"凝神端穆，冠服严整，仪度从容"，"读书则节奏琅然，写字则声容不动，左右侍侧，莫不叹服"，这些，应该承认都是康熙帝早期教育培养之功。

师与徒：出阁读书的皇太子

按照汉文化礼仪的传统，男子满10岁应出就外傅。《礼记·内则》有载："九年，教之数日。十年，出就外傅，居宿于外，学书记。"而对储君身份的皇太子而言，则自明朝有出阁读书的礼仪规定。到明朝正统年间，太子出阁读书的仪制正式确立：太子首次出阁读书的当天早上，先由礼部、鸿胪寺执事官在文华殿后殿行四拜礼，然后由鸿胪寺官对太子行礼，恭请太子到文华殿读书。典礼皇帝要亲自出席，各级官员依照次序向皇帝行叩拜礼。典礼结束后由内侍官引导太子在后殿就坐，侍读讲官依次前来讲学。典礼庄重严肃，彰显了皇权尊严和太子的地位、身份。

康熙二十五年（1686年），由钦天监选择吉日，确定为闰四月二十四日，当天康熙帝亲临保和殿，隆重举行皇太子的出阁读书典礼。康熙二十六年（1687年）六月初七日，康熙帝御畅春园门，皇太子及皇子四人侍立，内大臣、侍卫分列左右。大学士明珠、起居注官库勒纳、德格勒、博济、伊图、戴通、朱都纳侍立于左。康熙帝亲自指示为太子挑选的三位老师——达哈塔、汤斌、耿介："尔等皆有声望于外，兹特命尔等训导东宫。朕观古昔贤君，训储不得其道，以致颠覆，往往有之，能保其身者甚少。如唐太宗亦称英明之主，而不能保全储副，朕深知悉其故。虽闻见少寡，惟尽心训诲，而在外小人不知皇太子粗能诵读，谓尚宜选择正人，令之辅导。尔等皆有闻誉，今特委任尔等，宜体朕意，但毋使皇太子为不孝之子，朕为不孝之父，即朕之大幸矣！"从此，皇太子开始读书无逸斋。

胤礽在无逸斋中的表现是优秀的，据起居注官们的记述，他"天亶聪明"，"睿学渊邃"，更难得的是学习态度认真刻苦，无丝毫之懈怠。"皇太子复读经义如数，自初读至终篇，为时甚久，目不傍视，身不欹倚，无惰容，无倦志，正襟端坐，口诵手披。"而且自幼苦练的胤礽汉文和满文书法也颇具功力，太子仿帖书汉字一幅，付汤斌看，汤斌阅毕，启曰："书法匀而且秀。"复捧与记注官朱都纳、米汉雯看毕。朱都纳启曰："体格端凝，殊为神妙。向闻皇太子书法极工，私心每谓何由得见。今得恭睹妙墨，臣不胜欣忭之至。"皇太子又书满字一幅，令达哈塔看。达哈塔曰："书法较前秀美。书法秀美，皆精熟之故耳。"这样基础扎实、态度端正的好学生本应是为师者之福，但耐人寻味的是，畅春园内相继发生了几位老师陆续辞职的情况。

首先是汤斌请辞，他觉得"辅导东宫责任重大"，所以听到皇帝的委任之后，"不胜恐惧，力辞奏请"，但因康熙帝不允，所以勉为其难教导太子几日，"仰见皇太子天亶聪明，皇上朝夕豫教，故能洞悉群书，睿学渊邃，若臣学本浅陋，且年齿衰迈，于皇太子实无少补"，于是再次向皇太子当面委婉请辞。达哈塔接着请辞："臣本最庸至陋，辅导皇太子责任极其重大，实非臣所能胜任。"而耿介则在教导过程中忽然生病晕倒，以老病可怜为由，得到准许调摄静养，以很曲折的方式解除了教职。

三位老师的微妙行为实际解释了为太子之师的难度。皇太子为储君，地位在一人之下，万人之上，隐形君臣的身份令三位老师的课堂表现小心而谨慎，有师傅之名而无法实际行使师道之尊严；并且，储君身份所蕴含的帝位之争更令太子之师在政治上极为敏感，稍不留心即有可能随时面临绝地，两面不讨好。战战兢兢、如履薄冰的三位老师遭遇了历史上至为尴尬的师徒关系。

君与臣：无逸斋中的权力交锋

皇太子为储君，是未来之君主；康熙帝为皇帝，是当今之君主。撇开储君与皇帝的父子关系不谈，政治层面上的胤礽与玄烨，实为君臣。当父子之情与实际的君臣关系产生碰撞，微妙的权力交锋就不可避免。

作为王朝的统治者，康熙皇帝的威严如影随形，笼罩在无逸斋上空。在皇太子求学的课堂上，当教学过程中已完成经文背诵的准备工作后，胤礽问询汤斌："书已熟，可背诵否？"汤斌回复说："昨日皇上谕令背书，今请皇太子定夺。"汤斌不敢自作主张，请皇太子决定，而胤礽并没有私自做决定，而是谦虚地表示："书已熟，尔等欲背则背，欲候则候。"老师也好，太子也罢，都不能在课堂上实际做主。正在师徒分外尴尬，不知如何进行下一步教学之时，侍卫传来康熙帝的指示："皇上令尔等与皇太子背书。"得到指令，胤礽才开始给汤斌背诵经书。片刻后，康熙帝入无逸斋，当面查问胤礽的背书情况。看来，皇太子无逸斋教学活动的步骤和细节都在皇帝的掌握之中。

康熙二十六年（1687年）六月十一日，耿介在上课过程中晕倒，康熙帝过问情况，才知道，皇太子读书时，老师均侍立一旁，不敢落座，耿介因年老体弱，又值暑热天气，引起体力不支而晕倒。这种难堪的上课情形细细想来，还是因皇帝决定课堂之细节而造成的。康熙帝派侍卫传谕责备三位老师，加以解释："向来讲书，尔等皆坐。今以皇太子委付尔等，应坐应立，宜自言之。尔等侍立，朕焉得知？凡大臣启奏时久，朕皆赐之坐论，起居注官皆知之。皇太子欲赐坐，未奉朕谕，岂敢自主？"三位老师不敢坐，胤礽亦不能自作主张令三位就坐，可见，无逸斋内课堂上师徒的一举一动，均在康熙帝的亲自监督之下，皇权的威严可谓无处不在。

13岁的皇太子胤礽显然是听话、很有分寸的，他在无逸斋读书过程中恪守规矩，不肯逾越一步。比如，六月初十日，汤斌当面向皇太子请辞教职，意思是先得到皇太子的准许，然后再向康熙帝请辞。皇太子的回答是："皇父命汝辅导才及三四日，何为遽萌此意？汝殆见予每日读书、写字尚少，故欲辞任？果尔，予当再增功课，无为具疏以辞也。"勤奋的学生遭遇不想教自己的老师，起初还以为是功课令汤斌不满才有请辞之事。汤斌连忙解释绝非如此。胤礽又问："前皇父命汝时，汝何故不辞耶？"汤斌搪塞说："彼时皇上始有谕旨，臣一时意见不及，故未辞奏。"得知汤斌的请辞由来已久，与自己的读书学习并无关联，胤礽于是回复说："汝之所请非予可以擅专，汝自面奏皇父可也。"皇太子不肯越雷池一步，诸事均以皇父谕令为转移。如果说皇太子出阁读书之前，康熙帝主导之下的教学主要以父子关系为前提的话，出阁读书意味着人伦父子的关系向实质上的君臣等级关系转化。

再比如，一次，皇太子询问汤斌，次日康熙帝要回宫恭皇太后幸畅春园，自己是否应该随行？汤斌不敢提供任何建议，只好说："此事宜启奏皇上。"皇太子认为："奏皇父自不待说，但应去与否，须咨汝以决。"认为汤斌应该担起教导的责任，以老师的身份提供意见。但汤斌无论如何不肯明确表示意见，只是回复说："皇上一言一动俱成礼法，自当请旨以定去留，臣不敢擅便。"

康熙二十六年六月的这个夏天，无逸斋内的清凉显然无法驱散从朝堂之上吹过来的漫天暑气，皇太子读书所引发的父子、师徒与君臣关系的微妙波动载入史册，成为畅春园内尘封的过往，而皇权之下岌岌可危的父子关系亦随着时间的推移，胤礽的成长，康熙帝的衰老而出现裂缝，日趋瓦解。之后，胤礽的太子之位遂经两立两废，其本人则最终被禁锢幽死在紫禁城的咸安宫内。读书无逸斋的太子所经历的矛盾、被动与尴尬，不过是皇权父子关系的悲剧刚刚揭开大幕而已。

（作者单位：中国人民大学清史研究所）

西人眼中的康熙帝与畅春园

[美]卡罗尔·布朗·马隆 著

董建中 译

约翰·贝尔（John Bell）是英国外科医生，作为俄国伊兹麦依洛夫使团的一员，于1720年（康熙五十九年）抵达北京，著有《从俄国圣彼得堡到亚洲各地行记》一书；德朗热（De Lange），也随同该使团一同来华，在北京待至1722年7月，著有《德朗热北京见闻》一书。在两人所写的书中，可以找到年迈的康熙皇帝在畅春园接见使团成员生动细致的描述。贝尔在书中称此宫苑为Tzan-shu-yang，德朗热则称它为Czchan-zchumnienne，人们对这名字可能不知所云，但细加思量，就知道这些旅行者显然是通过蒙古人、满洲人、欧洲传教士、俄国人得知此宫苑的汉字发音的，而这又是在威氏拼音广泛使用前很久的事，因此才有这么奇怪的拼写。他们对于宫苑的描述及其坐落，确切无疑地表明这只能是畅春园。

使团从圣彼得堡出发，十六个月后，于1720年11月抵达北京。最好还是用贝尔自己的话来看看11月28日的第一次接见：

28日，安排了使节觐见康熙皇帝。马匹带至馆舍，以便使节及随从坐骑。当时皇帝身在名为畅春园的乡间宫苑，宫苑位于北京向西约六英里。我们早上八点出发，十点左右抵达，在宫门口下马，这里由一队孔武有力的士兵守卫。指挥官引领我们走进一个大房间，我们在那里喝茶，待了约半个小时，这时皇帝已准备接见我们。我们进入一座宽敞的大殿，四围乃高高的砖墙，规整地种着数排林木，这些树直径约八英寸，我认为是limes。小道都铺有石子，大道通向这座朝会大殿，其后是皇帝的寝宫。大道两旁是精美花圃和水道。我们前行，看到在大殿之前，诸位大臣以及该大殿的属官，都露天盘腿坐在毛皮垫子上。中间已预留好了使节及随从的位置。就这样，在寒冷的早晨，我们等候着，直至皇帝进入大殿。在此期间，大殿中只有两三位服侍人员，没有任何的声响。大殿入口有七层大理石台阶。地面由黑白相间的大理石铺就，光亮整洁。大殿南向，很是敞亮；一排赏心悦目的木柱支撑起殿顶，这些柱子呈八棱形，打磨得很光滑。

我们等了约一刻钟，皇帝从后门进入大殿，坐在宝座之上，此时其他所有人都站立着。

贝尔接着描述了司仪带领使节进入大殿。使节呈递国书，他并没有如通常般将国书放在桌子上，而是走向宝座，下跪，将国书置于皇帝面前，皇帝用手接过国书，并表达了对沙皇的问候。使节回到原位，使团一行人向皇帝九叩首。

每叩头三次，我们就起立，然后再次下跪。做这种致意动作，每次都极为痛苦，但又不得不做。司仪站立着，用鞑靼语发出指令，说的是 morgu 和 boss，第一个意思是叩头，第二个是起立；这两个词我短时间是不会就忘掉的。

仪式结束，使节一行六人被带至大殿的座位，离皇帝很近。皇帝手拉着使节，与他亲切交谈，甚至就彼得大帝胆略的传闻给出了他的看法：

皇帝告诉他，听说沙皇甘冒许多危险，特别身涉波涛，他极为惊讶，希望彼得大帝能听从一位老人的良言相劝，不要拿性命开玩笑，与无情的风浪相抗，匹夫之勇无济于事。

金樽盛满 tarassun，这是一种发酵的甜酒，由皇帝递给使节。这酒也给了使节的随从及三位耶稣会士，三人常常出入宫廷，这次是来陪俄国人的。

皇帝盘腿坐在宝座上。他身着宽松的貂皮外套，皮毛外翻，沿边有羔羊皮，里衬长达膝盖的黄色丝绸衣服，上绣数条相互盘绕的金色五爪龙；这种衣服只有皇室人员能穿。他头戴小圆帽，是黑狐皮面的；帽顶上，我注意到是一颗漂亮的大珍珠，呈梨状。珍珠下有红缨，这就是我看到的这位伟大君主的全部饰物了。宝座也极朴素，木制，做工精细。宝座高离地面，有着五级缓舒台阶，面向群臣，其他三面都有巨大的漆染屏风。

贝尔还记述说，有五位皇子、十来位皇孙、大臣、内务府一些官员在场，都身着金银的袍服，在背部、胸部用金和银的东西绣有巨龙。筵宴时，有乐师伴奏。贝尔印象至深的是高贵、有序，而不是宏伟壮丽，这与康熙俭朴的言说名实相符。

这时，大殿里都是人了，但令人惊异的是，没有一丝嘈杂，无匆忙之感或是乱象。人人尽责，汉式靴子有着厚厚的纸底儿，走动时没有任何声响。一切都有条不紊，快速、精准。简而言之，北京宫廷的特色是秩序、优雅，而不是恢宏、壮丽。

很快在客人面前就摆上了整洁的小桌，上面摆有各种水果、点心。这种先上小吃的做法是中国人的许多行事方式之一，而这在贝尔看来与欧洲人的做法正好相反。接着上禽肉、羊肉、猪肉，皇帝令人将好几盘菜从自己的桌上送到使节的桌上。除了乐师外，还有特别的歌舞、杂技、摔跤和比剑表演者。在皇帝退席后，俄国使节也上马回到了北京城。"对于皇帝大度友好的招待很是满意，我们先前的困难几乎抛却脑后了。"

12月2日，谕允在畅春园第二次接见使节，这次皇帝要看彼得大帝的礼物。第三次和第四次接见是在紫禁城。12月15日，应皇帝特别邀请，使节再次来到畅春园，他的乐师一同前行，身带小提琴、小号、定音鼓。他们是为皇帝的十一二个皇孙演奏。这一次，俄国人得到参观畅春园的机会。

音乐结束，皇帝令一位王爷带领使节进到宫苑。我们走过一座开合桥，它横跨清澈见底的水道之上。到处都是林荫道、凉亭、鱼池，透出中国人的品味。年轻的王爷们射箭自娱自乐。他们中的一些表现得极娴熟，从小就进行这种练习。

有一个有趣的问题：十一岁的皇孙——后来当了皇帝，能够二十射十九中的，身在其间吗？

在另一次畅春园私人会见场合，皇帝和使节谈论历史、指南针、印刷术和火药的发明创造，还有《圣约》和中国史书各自的远古记载。贝尔接着说：

我亲眼目睹了所有场合这位古代君主所表现出的优雅与亲和力。他已经八十岁了，当朝六十年，仍头脑清醒，在我看来他比许多皇子更有活力。

从1721年1月29日到2月3日，俄国使节在畅春园附近的房舍下榻，参加了中国新年的好几次活动。有一次，当中国人叩头时，俄国使团得到允许，以他们自己方式致敬。这位膝盖一动就疼的英国外科医生，对此描述道："这对于一个英国人来说有些怪怪的，看到上千人跪在地上，以头触地，以最谦躬的姿势，面对一个和他们一样的凡人。"

这段时间的所有娱乐活动，对于外国人来说感到无与伦比的，是放烟火。应是在紧挨畅春园的西花园中进行的，从晚上开始。"一抵那里，我们就被引入一座花园，位于畅春园的西面，在它的中间，有一个大型建筑，四周都有带顶的廊台。前面是一条水道，其上有一座开合桥。我们在石子路上就位，正好处于廊台之下，而皇帝和他的妃嫔与其他家人正坐在那里。"胡土克图，也就是来自蒙古的活佛，在距离很近的蒙古包内，但他并没有走出过蒙古包。"所有的显贵和官员都坐在沿水道岸边的垫子上。放烟火的装置放在水道的对岸，除负责这些装置的人外，其他任何人都不允许到那里去。

五点左右，从皇帝所坐的廊台，有"起火"升空，这是表示开始施放烟火的信号。不多时，上千只灯笼点燃。这些灯笼由不同颜色的纸做成，红、蓝、绿、黄，挂在约六英尺高的柱子上，散见于全园各处。

皇帝所坐廊台的对面，悬挂着一个巨大的圆状容器，直径约二十英尺，立于两根约三十英尺高的柱子中间。从廊台发出的一支"起火"点燃了一根从圆状容器垂下的引信，即刻引燃了容器底部，容器的底儿掉落，发出巨响。接着从容器中落下一个网状物，整个都在喷射，在容器与地面间猛烈燃烧，五颜六色。

燃烧几分钟后，又一引信出现，燃到容器底部时，一串约三十多个纸灯笼落下，这些燃烧了一阵后，又有十或十二串灯笼落下，如此反复，差不多有一千个灯笼从同一容器中落下。那些艺人们能将如此巨大数目的荷灯塞填进悬挂着的圆盘，并且如此复杂地表演得不差分毫，贝尔对他们钦佩不已。

第二天的烟火，包括在一个约三十英尺高的框子中燃烧着的"画面"，白色和蓝色的火焰，模仿的是水；从小山顶一个桶中喷出的火焰，高度惊人。贝尔最后说："除了以上这些，这次还施放了许多其他巧妙设计的烟火，这些远远超出我曾经的所见，尽管我以前在圣彼得堡看过欧洲最好艺人的这种表演。"

第二天，康熙告诉使节，尽管中国人已经知道烟火已有两千多年，但他自己对它们做了许多改进，达到了目前完美的境界。他甚至在回赠彼得大帝的礼物中包括了两箱"起火"。

3月,约翰·贝尔与使节一道返回欧洲,对于他在最为盛时的俄罗斯和中国的见闻甚是满意。"可能再也不会有国家,比著名帝王康熙和彼得一世治下的更为繁荣了;如此的机缘条件,大概几百年后才能再现吧。"

德朗热的记述

德朗热留了下来,以完成两国间商业关系的谈判,在北京又待了一年零四个月,也目睹了更多表现皇帝宫廷生活的事件。他用蒙古称号——博格达汗——称呼康熙皇帝。这些事件的头一个是备办皇帝的万寿庆典,以及皇帝在1721年3月15日(康熙六十一年正月二十八日)来到畅春园时对大臣的不满与愤怒。

皇帝注意到了,在用四方平整石头铺就的从北京通向畅春园大路两旁,为他生日而建的牌坊等装饰物,高大华丽,非同一般。所有大臣为此遭皇帝责备了数周。然而,大臣们不断下令拆旧建新。新建成的众多牌楼,位于北京紫禁城到畅春园沿路,做工精致,所有的都饰有金色,大量丝绸所做的花彩装饰,外形极鲜活,色彩极亮丽。一些地方,搭起极漂亮的戏台,上演难度最高、最引人入胜的剧目,最了不起的喜剧演员一展才艺,最娴熟的音乐伴奏,既有嗓音,也有乐器;舞蹈多姿多样,灵活敏捷,不同寻常。所有这些一应齐备,大臣们一同来到宫殿,下跪,他们的脸贴在地面,肯求皇帝恩准并派亲信检查各种新设施。但是,博格达汗对他们说:"对他们所做的一切,他绝不会看一眼,他不会再在北京庆贺生日。"

皇帝对大臣们耿耿于怀，没有在4月2日如通常般隆重庆贺他的生日，只是接受了朝贺。德朗热在现场，他记述了这不寻常的一幕：

……三千老人，最年轻的也在六十岁以上，应皇帝旨意，从帝国的各省接到北京。他们都身穿黄色衣服——这是皇帝仆从衣服的颜色，排队向畅春园进发。在畅春园，他们列队，向皇帝行礼；仪式结束后，皇帝赏赐所有人每人白银四两，并派人送他们回家。

六十四年后，乾隆皇帝在他的宫殿同样款待三千老人，并追忆他祖父的这次活动，他也在现场。

德朗热所记下的畅春园生活的第三个场景，发生在1722年2月：

18日和19日，皇帝停止庆祝灯节。灯节在中国宫廷每年都举行，已有两千多年的历史。这一节日在畅春园隆重举行，规模宏大。在活动期间，白天演出各种剧目，还有其他各式表演；晚上燃放盛大烟火；还有特别多的彩灯，数量庞大的灯笼，上面画有图案，五颜六色，在夜里，既令人新奇又赏心悦目。

（作者单位：中国人民大学清史研究所）

皇家园林里的"白衣学士"

■ 何　瑜
■ 马维熙

优雅美丽、长寿专情的鹤自古就受到人们的喜爱——唐宋时期，豪门雅士之家养鹤蔚然成风；到清代时，民间养鹤之风已盛况不在，但鹤成了皇家殿堂上的神物，紫禁城、颐和园等大殿内外有铜鹤，圆明园、静宜园、静明园等皇家园林中，鹤也是最受人们欢迎的宠物。

大殿内外的铜鹤

鹤是瑞禽，象征着长寿与神仙，所以有"鹤寿"一词，以及"松鹤延年""龟鹤千秋""鹤鹿同春"等充满吉祥的寓意。在养鹤、咏鹤之余，前人更多的是将这种美好的意愿固化在书画、雕塑或各种饰物之上。紫禁城太和殿丹陛上的铜鹤，端庄大气，昂首啸天，传达着历代统治者对社稷长存、江山永固的美好意愿。

颐和园乐寿堂前的双鹤、双鹿及一对宝瓶，是一组铜铸作品，做工精细，极富灵气，尤其是中间的两只铜鹤，口衔灵芝，栩栩如生，应是乾隆时期的作品。鹤、鹿、瓶合在一起，其寓意是"六（鹿）合（鹤）太平（大瓶）"，也就是长治久安、天下太平之意。

乾隆称鹤"白衣学士"

在清代皇家园林里饲养的诸多珍禽异兽中，乾隆最喜爱和关心的莫过于鹤了，他戏称其为"白衣学士"。除香山静宜园、避暑山庄有"放鹤亭"，玉泉山静明园有招鹤庭外，全盛时期的圆明园景观建筑中有六处殿阁亭榭的题额与鹤有关：圆明园映水兰香中的招鹤磴、廓然大公中的双鹤斋、方壶胜境中的栖松鹤，长春园玉玲珑馆里的鹤安斋，熙春园里的松鹤山房，春熙院里的鹤来轩。据不完全统计，乾隆一生所作"鹤诗"约有60余首，其中在圆明园所作的咏鹤诗即不下40首，如他在《戏题招鹤磴》一诗中写道：

放去既云适禽性，招来底更作松朋。
胎仙不下似有意，汲黯传如熟读曾。

这里的胎仙即指鹤，汲黯是汉武帝时的大臣，史载其人处世刚直不阿，汲黯传指司马迁《史记·汲黯传》。诗中大意是：原御园中的鹤放生后，又回到圆明园中以松为友，栖息留恋于青松古柏之上。皇帝招呼它也不下来，仿佛汉武帝时的铮臣汲黯一样，从不屈从权贵、逢迎主上。

圆明园福海西岸有一处景观名"廓然大公"，系圆明园四十景

廓然大公

之一，亦称双鹤斋。其中有五间寝宫大殿，雍正时原称深柳读书堂。乾隆在此也写过很多咏鹤的诗，这些双飞双宿的仙禽在乾隆的眼里，是那样的可爱，以致生怕打扰了它们。"幽禽翩然翔，彳亍步顾影。我来惟片时，难值静以永。"

咏鹤表达治国理念

元代文学家张养浩曾作《惜鹤》组诗十首，分别从购鹤、友鹤、病鹤、医鹤、挽鹤、招鹤、瘗鹤、忆鹤、梦鹤、图鹤十个方面，描写与鹤相连的各个阶段，在他的笔下，鹤如同家人，人与鹤之间的情感催人泪下。乾隆在圆明园也作过一组《鹤领子》九解的咏鹤诗，通过人格化的仙鹤来表达人世间的情感与道德：

雌雄那相离，溪塘成熟路。衔草自为巢，孳尾乐其素。
一岁率二卵，恒弗失厥时。雌雄相代更，而谨伏翼之。
透壳宛成形，淋渗未能立。鸦鹊或来侵，跳萧护之急。
稍长初学步，攊襬引以行。教啄复教饮，无不曲尽情。
对物有会心，人禽别于此。而何世间人，竟有不孝子。

诗人在这里借鹤寓人，写尽了人间父母对子女的爱，最后结尾抨击那些不如禽兽的不孝子孙，表明以孝治天下的治国理念。

乾隆在圆明园还作过一首《招鹤磴》诗，并在诗中自注云："御园侧有鹤粮。自壬午（乾隆二十七年）始令放鹤，鹤亦弗远去。既遂其性，并可省给日粮。盖粒粒辛苦，用以饲鹤，实为可惜。然司养牲畜者，不无窃叹，鲜得余润。事艰两全，因小概可见大。"

乾隆在其他咏鹤诗中也多次提到园吏贪污鹤粮一事，感叹说："乃悟鹤安役弗安，昔诗得半非全称。大都一利有一弊，吾将通此于施政。"一个小小的鹤粮，竟让天朝皇帝先是想到农夫不易，"粒粒皆辛苦"，后又以小见大，联系到治国的不易，"一利有一弊，两得鲜兼全"。

铜鹤

咏鹤惜鹤终放鹤

乾隆在做皇子时就非常怜惜御园中被剪翮的鹤，继位后又多次斥责园吏剪翮鹤翅的做法，并写诗抨击那些豪门阔少，以鹤羽做氅衣的不齿行径。乾隆二十七年（1762年）八月，决定把避暑山庄笼养的鹤全部放生，并仿古人将放生之处改称"放鹤亭"。第二年十月，乾隆将香山静宜园的"白衣学士"也放归自然。一年后，他在香山见到这些放生的鹤自由自在地漫步园中，非常高兴，即兴作《咏鹤》一首：

去年放鹤翠岩间，今岁还看鹤在山。
快哉解脱出笼关，饮啄清泉古柏间。
嘹亮一声云表落，较于昔特觉心闲。

放生之后，御园中还能经常见到鹤的身影，乾隆在圆明园和静明园两地又分别修建了招鹤磴、招鹤庭。招鹤磴位于圆明园四十景之一"映水兰香"，为三角形小亭，内悬乾隆御书"招鹤磴"匾。乾隆曾写有《招鹤磴》诗：

篆文苔磴满，鹤迹印来斜。未可乘轩驾，雅宜点画叉。
乐看长毛羽，意喜寓烟霞。何必孤山侧，偏称处士家。

诗人爱屋及乌，连鹤踩在石阶上杂乱无章的脚印，也欣赏成看不懂的天书篆文。乾隆喜欢鹤，不仅欣赏它的仪表，更欣赏它翱翔天际的凌云之志。

圆明园的长春园里还有一著名景区名玉玲珑馆，内有"鹤安斋"，乾隆为什么题此斋叫"鹤安"呢？他在诗中曾做过这样的解释：

始作鹤安斋，谓宜适其性。既不翦羽翼，亦省粱稻供。
斋安鹤未安，名实似庭径。鹤安斋亦安，辞多此为咏。

意思是说，应该照顾鹤的习性，不能剪其羽翼，只有鹤安定了，斋才能够安心。"斋亦安"，其实是乾隆自指。如此来说，三百多年以前的乾隆皇帝，已提出了人与动物、人与大自然如何共处的问题。

（作者单位：中国人民大学清史研究所）

圆明园内争蟹案

胡忠良

乾隆四十八年八月初八日（1783年9月4日）夜，圆明园东谐奇趣螺蛳楼北边水沟旁，发生了一起太监斗殴伤人致毙的恶性事件。案发的原因，竟是为了争螃蟹。

宫苑禁地发生人命案，自不能等闲视之。内务府得报，当即遣慎刑司官员带同仵作，对死者太监张忠进行了详细的尸检。同时，将殴毙人命之犯太监郑进忠收拘审讯。郑进忠供称：八月八日晚，他与张忠巡查门户走至螺蛳楼北边水沟，见有一双螃蟹，彼此争夺，一时忿怒，失手将张忠打死。内务府初时不信，天下岂有因争一蟹而将人活活打死的道理？且刑讯间发觉郑进忠神情闪烁，供词支吾，恐别有他情。于是连日再四刑鞫，郑进忠坚称是因爲争蟹，只不过事件的经过已非于初供。

原来，谐奇趣螺蛳楼北边有道引水沟，与园外大河相通。每值秋季，往往有螃蟹由涵洞顺水爬入沟内。谐奇趣的太监发现后，便

1873年圆明园谐奇趣主楼北面

约同素日交好的狮子林太监李进忠、孙玉于八月初七日夜，汇聚引水沟边。用引灯的光亮在沟眼虚照引螃蟹进沟，当夜收获颇丰，捉了十七只，三人饱食一顿。谐奇趣的另一名太监，张忠的盟兄郑进忠听闻此事，心中恼火张忠竟然瞒着本处的兄弟与别处太监捉蟹分食，便约了谐奇趣的另一名太监田进忠，于八日晚一起前往争蟹。是日掌灯后，郑、田二太监提灯赴螺蛳楼北，发现那里已然灯光点点，人影幢幢。原来，张忠与狮子林的李进忠、孙玉已经先到，于沟边引灯捉蟹正酣。郑、田二太监见状自是气急败坏，上前呵斥李、孙二太监，说你们并非谐奇趣的人，黑夜不应越界到此捉蟹。李、孙二太监理屈哑然，只得就此罢手悻悻离去。而后，田进忠便坐在沟边持灯探蟹，郑进忠则以胜利者的姿态扬扬得意地立在墙根下睥睨着不尴不尬的张忠。张忠见自己约来的人被轰，郑、田二太监又准备抢夺，当然心怀忿怒，愤愤地说谁先到就该谁捞，别人休想抢夺。郑进忠闻言，当即恶语回向。张忠愈发气怒，起身扑向郑进忠。郑进忠也回身揪住张忠的发辫，二人拳脚交加扭作一团。太监私下斗殴，司空见惯。故一直在沟边探蟹的田进忠初时并未在意，后见张忠落入沟内，才感到苗头不对，从沟南跳过去劝架，这时张忠已脖项下垂，身不能动了。斗殴之声惊动了巡更的太监，同时狮子林的太监李进忠、孙玉亦闻声赶来。众人七手八脚将张忠抬起，其人已是口吐白沫，气息奄奄。当夜二更，张忠殒命。

此后，内务府复将郑进忠严刑夹讯，并将各有关证人反复究诘，众人供录终始不移，毫无间隙。于是八月十九日此案议结："查律载，凡斗殴杀人者，不问手足他物金刃并绞监候。又律载，凡太监在紫禁城内持金刃自伤者斩立决各等语。今太监郑进忠以争蟹微嫌辄将张忠凶殴致毙，况在园庭禁地尤属凶顽不法，若仅照律拟绞监候，非但情孚于法，亦无以做戒其余，应将郑进忠比照紫禁城内持金刃自伤律拟斩立决。太监田进忠既听从郑进忠约往捞蟹，当该犯斗殴之际，岂有袖手坐视不即帮殴之理？今严刑之下虽坚称并未加功，但究属构端之人。法难轻纵，与加功为从者无异，若仅照律拟以满杖不足蔽辜，应将田进忠重责四十板发往黑龙江赏给索伦为奴。李进忠、孙玉系狮子林之太监，乃并不安分当差，胆敢于深夜过谐奇趣伙同张忠捞蟹。以致禁地酿成人命，均属不法，应将李进忠、孙玉发往吴甸永远铡草。"另外，谐奇趣的首领太监孟玉柱、副首领太监张昇及狮子林首领太监朱进禄等，以"平日约束不严"之罪或被革去首领，交总管太监各重责四十板，酌量分拨当差，或罚俸三年。即便是总管大太监也被罚月银一年。

两个拜把的太监，为争蟹竟酿命案，说起来实在荒唐，但更可悲。由此也使人们看到了清代广大下层太监悲惨生活的一面。这些太监大都从小入宫，幼儿失教，地位卑微，备受欺凌。森严的宫禁，沉重的差役，枯燥的生活，使本来生理上已受创伤的太监们在心理上又加倍受创伤。因此他们大都性格怪僻，心胸狭窄，戾气满身，日常中每每会由于细琐小事起争执，骂街挥拳，甚而大动干戈，痛下狠手，乃至酿出人命。故"争蟹案"悲剧的直接原因，还应归咎于摧残人性的吃人的太监制度。

（作者单位：中国人民大学清史研究所）

圆明园传胪纪事

阚红柳

古人把上传语告下称为胪，中国古代科举制度中，殿试以后由皇帝在金銮殿宣布登第进士名次的典礼仪式，叫作传胪。传胪就是唱名的意思，也叫金殿传胪。传胪唱名制度始于宋朝，明人彭大翼撰《山堂肆考》，语及宋时传胪盛况："进士在集英殿唱第日，皇帝临轩，宰相进一甲三名卷子，读毕，拆视姓名，则曰某人，由是阁门承之以传于阶下，卫士凡六七人，皆齐声传其名而呼之，谓之传胪。"宋杨万里诗中也有"殿上胪传第一声，殿前拭目万人惊"之句。金殿传胪，是士子最大的荣耀。宋以后，传胪大典成为盛大隆重的礼仪活动，尤以清朝的金殿传胪最为完备。清代传胪定例在太和殿举行，但也有例外，京西皇家园林的圆明园就有举办传胪大典的特例，其中一次发生在咸丰十年，缕述如下。

清代传胪大典例在太和殿举行

太和殿,俗称"金銮殿",是北京故宫内规模最大的一个殿。初建于明永乐十八年(1420年),名奉天殿,嘉靖时改名皇极殿,清顺治二年(1645年)始称太和殿。太和殿是清代帝王举行即位、节日庆典或朝会等重要庆典活动的场所。按照制度规定,传胪大典,例在太和殿举行。

清初传胪大典的举办并无定期,主要是由于当时殿试试期变化较大,因此传胪日也随之变化,但一般定在殿试后三五日内举行。至乾隆二十六年(1761年)规定,四月二十一日殿试,二十五日传胪,传胪之日期遂成定制。其后,间有因临时变故而随时酌定日期的特殊情况,均随殿试试期而行。据《钦定科场条例》载,传胪大典前有周密的准备工作程序。定制:礼部先期札请钦天监选择吉时报部,并缮写礼节上奏皇帝。得旨,通行各衙门。于是礼部示知贡士,并行护军统领衙门,于传胪日五鼓开东长安门,行兵部、步军统领开正阳门;通知王以下文武百官朝服齐集;委派礼部司官四员,会同鸿胪寺官,届时负责带领贡士;预行工部,备办贡士所戴三枝九叶顶冠;札请顺天府,饬大兴、宛平二县办理应备之伞仗仪从,及送状元赴顺天府筵宴及归第事。

传胪大典的礼节仪式,清朝正式颁有《状元传胪出榜仪注》,《大清会典》中也有详细规定。当天清晨,銮仪卫设卤簿法驾于太和殿前,乐部和声署设中和韶乐于檐下,设丹陛大乐于太和门内。礼部、鸿胪寺官设黄案,一于太和殿内东楹,一于丹陛上正中。丹陛下设云盘,午门外设龙亭、御仗、鼓吹。王公大臣侍班,百官朝服侍立。贡士穿朝服戴三枝九叶顶冠,按名次奇偶序立东西丹墀之末。

太和殿

礼部堂官诣乾清门奏请皇帝具礼服乘舆，导引入太和殿升座。中和韶乐奏隆平之章，銮仪卫官赞鸣鞭，于是阶下鸣鞭三。"其声缭绕于空中，响彻云霄，音长而韵，如鸾鸣凤啸，入耳清脆可听。"丹陛大乐奏庆平之章，读卷执事官行三跪九叩礼。大学士进殿捧东案黄榜，出授礼部尚书，陈丹陛正中黄案上。丹陛大乐作，鸿胪寺官引导新进士就位，按次第排立。宣制官宣制曰："某年月日策试天下贡士，第一甲赐进士及第，第二甲赐进士出身，第三甲赐同进士出身。"之后传胪官唱第一甲第一名某人，鸿胪寺官导引状元出班，就御道左跪，第二名某人，导引榜眼出班，就御道右稍后跪，第三名某人，导引探花出班，就御道左又稍后跪。每名连唱三次，唱名声音极为缓慢，唱时依次传唱至丹陛下，传唱与传胪之义由此而来。二甲与三甲仅唱名一次，不引出班。唱名结束，新科进士与大学士至三品以上官员行三跪九叩礼，中和韶乐奏显平之章。礼成，皇帝乘舆还宫。

传胪是士子荣耀的象征。严我斯是康熙三年（1664年）的状元，他在《甲辰传胪日纪恩诗》中写道："旭日罘罳霁色开，鸿胪声彻殿头来。香飘御案初承诏，酒赐天厨正举杯。绿仗气盈虚凤吹，康衢蹀躞吞龙媒。自惭拜献无长策，敢忘经生旧草莱。"

居园理政与京西园林

以帝王为权力中心的王朝，其政治核心地带往往随皇帝的变换而产生变化。如果说，紫禁城内的皇宫早已打上帝王和政治权力的印记，那么，由康熙至咸丰朝，三山五园的政治地位亦因皇帝的久居而随即确立。换言之，三山五园成为紫禁城外京城的又一政治核心地带。比如，康熙帝在畅春园内处理的政事种类多样，包括引见臣僚、任命官员、庶吉士散馆、阅试武举骑射、赐宴蒙古王公大臣、接见外国使节，等等。随着圆明园替代畅春园成为西郊政治文化的又一中心，清帝在圆明园处理的政务活动愈加增多，但原则上，重要的典礼，比如元旦（正月初一）、冬至、万寿（皇帝生日）三大节，各种祭祀活动皇帝要亲祭，还要先期回宫"斋戒"，一些重要的政务活动，如仲春经筵、孟冬颁朔、殿试传胪等仍保留在紫禁城内举行。

这一点，在乾隆四十三年《御制夏日养心殿诗》里说的很清楚："视朝虽常例（皇帝夏天居圆明园，每日召见臣工，办理庶政，遇有祭祀或其他典礼则回紫禁城，事毕再到园。这句是指太和殿常朝），有如爱礼羊（《论语》：尔爱其羊，我爱其礼的典故）。避热而弗行，是即息之方。息则吾岂敢，长年益自蕆。都城烟火多，紫禁围红墙。固皆足致炎，未若园居良。园居且为愧，暂热瘿何伤？熏风来殿阁，亦自生微凉。近政抚兰亭，即景玩词芳。"清代皇帝都不愿夏天住在紫禁城内，但为了完成诸种礼仪，清帝还是要勉为其难，离开凉爽的西郊皇家园林，驾归紫禁城。

科举，是清王朝选拔人才的重要考试制度。清代的科举正式考试，分为三级，分别是院试、乡试、会试和殿试。院试由学政主持举行，考中者称秀才。乡试在北京、南京和各省省城举行，考中者称为举人。会试在京城由礼部举办，考中者称贡士。贡士在同年四月参加殿试，由皇帝亲自主持。原则上，殿试和之后的传胪都在紫禁城中举行，但也有例外。比如，乾隆四十六年（1781年）、乾隆五十五年（1790年）的殿试均在圆明园举行，而咸丰十年（1860年）传胪大典也例外在圆明园的正大光明殿举办。

咸丰十年圆明园传胪大典

咸丰十年（1860年）这一年的科举考试，是于常规科举考试之外因皇家开恩而举行的考试，称为恩科。恩科首开于宋代，主要是针对屡试不第又有些才能的考生，允许他们在皇帝策试时，报名参加附试，以示皇恩浩荡，不过宋代的恩科并不经常举行。元代科举制度时断时续，更无恩科。明代沿用宋代恩科制度，但开科不多。到清代，恩科制度化，是皇家遇到喜庆之事（如皇帝娶妻、册封太子、过大寿等事）时，特别加开的考试。比如，1904年举行的最后一次科举考试便是因当年慈禧太后过七十大寿所开的恩科。

这一年，正值咸丰皇帝三旬万寿，早在咸丰九年正月，皇帝就下达谕旨："兹于咸丰十年，届朕三旬万寿，允宜特开庆榜，嘉惠士林。著于本年八月，举行恩科乡试。明年三月，举行恩科会试。以副朕简拔人材至意。"按照皇帝的命令，乡试和会试次第举行，到咸丰十年四月，在保和殿举行了殿试，190名贡士参加了考试。正常情况下，殿试之后，金殿传胪将于太和殿举行。但这一年的传胪却出现了意外情况。

据史料记载，四月二十四日，咸丰帝在圆明园勤政殿召见殿试阅卷大臣，钦定新进士甲第。二十七日，由读卷大臣带领引见。二十八日，在圆明园正大光明殿举行传胪大典，赐一甲钟骏声等三人进士及第，二甲黎培敬等八十二人进士出身，三甲崇谦等九十八人同进士出身。颁金榜，一切礼仪均照太和殿办理。为何传胪大典改在圆明园举行？

翁同龢父子的日记为揭开这一历史之谜提供了线索。翁心存（1791—1862）在清廷为官近四十年，大部分时间在京城活动。他是道光二年（1822年）进士，选庶吉士，授编修。任广东、江西学政，累迁大理寺少卿。后历任吏部尚书、国史馆总裁、户部尚书等职。咸丰八年授体仁阁大学士，管理户部。同治元年（1862年）入直弘德殿，授穆宗侍读，为两宫皇太后倚重。卒赠太保，谥号"文端"。翁心存撰日记二十七册，记事起于道光五年（1825年），止于同治元年（1862年），其中有记载清帝在圆明园进行的政务活动。翁心存之子翁同龢，官至户部、工部尚书、军机大臣兼总理各国事务衙门大臣，是同治帝和光绪帝的两代帝师，亦撰有日记。

据《翁同龢日记》记载，咸丰十年四月二十八日，"冒雨下园。寅正三刻，上御正大光明殿传胪，百官蟒袍补褂，作乐鸣赞如朝仪，三品以下在二宫门外行礼，新进士在桥北，一甲三人宣至贤良门阶下行礼，金榜由殿前授礼部堂官，一甲三人送至东长安门张挂。自本月初六起圣躬欠安，自廿二日起令各部院照常带领引见，入城升殿恐致劳顿，遂改于圆明园胪唱，前此所无也"。翁同龢指出，咸丰帝之所以改在圆明园传胪，是因为身体不适。翁心存日记证实了圆明园金殿传胪的真实性，并进一步提示，皇帝确实在进入四月就身体欠安，而殿试后传胪的安排，在四月二十二日的时候已经告知全体官员，并要求按太和殿应有礼仪进行准备。

那么，咸丰帝的身体究竟出了什么问题？咸丰帝确实生来身体较弱，据《道咸以来朝野杂记》记载："文宗体弱，骑术亦娴，为皇子时，从猎南苑，驰逐野兽之际，坠马伤股，经上驷院正骨医治之，故终身行路不甚便。"加之作为晚清君主，政务繁多，内忧外患，他郁闷烦躁，焦虑不堪，迷恋酒色，据《晚清宫廷生活见闻》记载，他"旦旦戕伐，身体久虚，遇坛庙大祀，常因腿软恐登降失仪，遣奕䜣恭代。加以军务棘手，外患交乘，遂患吐血之症"。腿脚不便，身体虚弱，不便西郊与紫禁城之间往来行走，这是传胪大典改在圆明园举行的原因。

传胪大典在四月热热闹闹地在圆明园举行完毕，这成为圆明园历史上荣耀的一页，但这也是清帝在圆明园中举行的最后一次传胪大典。同年八月二十二日，英法联军直犯圆明园，窜至圆明园大宫门。九月初五、初六日，英法联军火烧圆明园。

（作者单位：中国人民大学清史研究所）

颐和园的第一盏电灯

■ 王道成

颐和园乐寿堂的正中，悬挂着一盏五彩缤纷的玻璃吊灯。这盏电灯，是光绪二十九年（1903年）由太子少保、前工部左侍郎盛宣怀经手，德商荣华洋行为慈禧太后安装的。然而这盏电灯，却并不是颐和园最早的电灯。

早在光绪十四年（1888年），修建颐和园的工程还正在进行的时候，"承修"这一工程的海军衙门，就让神机营机器局总办恩佑用白银六千两向"丹商祁罗弗洋行购买电灯一全份，随锅炉一份及各项什物等件"。同年十一月，全部运到北京进行安装。十二月二十九日（1889年1月30日），翁同龢的日记中就有了"电灯照耀于禁林"的记载。

光绪十八年十二月十八日（1893年2月4日），总理海军事务的奕劻在奏折中说："内学堂恭备轮船，外学堂恭备颐和园电灯与西苑（即今中海、南海和北海）安设电灯，久暂虽有不同，而差使重要则无少异。所派总管、提调率同委员、工匠人等，逐日敬谨豫备、悉臻妥协。数年以来，该员等夙夜在公，无间寒暑，未便没其微劳，自应一体优奖，用昭激劝。"

这里所说的内学堂、外学堂，即水操内学堂、水操外学堂，也就是光绪十三年冬设于昆明湖畔的水师学堂。开办这个学堂，名义上是培养海军人才，实际上却是为慈禧的生活服务。颐和园的电灯和轮船，就是由他们负责"恭备"的。

既然颐和园在1889年就有了电灯，为什么不到十五年时间又由德国人来重新安装呢？关于这个问题，1902年6月28日《大公报》上有如下一条消息："《顺天时报》云：颐和园旧有电灯公所，设官二十余员，以庆邸（庆亲王奕劻）总其成，三年一保，最为优差。庚子之变，房舍机器，荡然无存。现因皇太后（慈禧）将欲驻跸该园，该管各官，刻已会议筹款，拟仍购办锅炉三具，电灯千余盏。从此，御园佳境，又见花鸟增光矣。"

可知颐和园原有的电灯，在"庚子之变"，即1900年八国联军侵略中国的时候，被帝国主义的军队毁坏了。慈禧从西安回到北京后，仍住颐和园，所以该管各官会议筹款另购。而上海德商荣华洋行安设的电灯"最新最美，堪供宸赏"。盛宣怀为了讨慈禧的欢心，自愿报效，以白银十二万四千九百余两（其中西苑电灯价银七万四千两，颐和园电灯价银五万九百余两），向德商订购。1903年12月运抵北京，由荣华洋行电气工程师威廉达宜负责安装。现在颐和园乐寿堂里展出的电灯，就是这时安装的。

（作者单位：中国人民大学清史研究所）

颐和园重建之谜

王道成

光绪二十五年（1899年），梁启超在谈到慈禧修颐和园时曾写过这样一段话："吾尝游颐和园，见其门栅内外皆大张海军衙门告示。同游之人，皆窃窃焉惊讶之。谓此内务府所管，与海军何与？而岂知其为经费之所从出也。"按照清代的制度，皇家园林的兴建，是内务府奉宸苑的事，海军衙门的职责是管理海军。颐和园门栅内外大张海军衙门告示，自然会引起人们的惊讶。梁启超认为，这种情况的出现是由于颐和园的经费来自海军衙门。但是，这样的解释未免过于简单。如果我们对北京皇家园林兴建的历史做一番考察，这个谜团就可以得到圆满的答案了。

一

满族统治者崛起于白山黑水之间，祖祖辈辈以狩猎为生，与大

自昆明湖岛中望远

颐和园重建之谜

自然有着非常密切的关系。进入北京后，对于都市的喧嚣很不习惯，夏天的炎热更是令他们难以忍受，因此决定择地筑城避暑。顺治七年（1650年）七月，摄政王多尔衮谕令户部加派直隶、山西、浙江、山东、江南、河南、湖广、江西、陕西9省地丁银249万余两"输京师备工用"。同年十二月，摄政王多尔衮病死，筑城避暑的计划被搁置起来。仅将明代的南苑稍修葺，"用备蒐狩"。

康熙中叶，康熙帝在明武清侯李伟清华园的旧址上兴建了清代第一座皇家园林畅春园，在这里"避喧听政"。此后，又在玉泉山修建澄心园（后改静明园），在香山修建行宫（后改静宜园），在热河修建避暑山庄。康熙四十八年（1709年），康熙帝将畅春园北一里许地名后华家屯的一座园林赐给他的第四个儿子胤禛，并亲题园额曰"圆明"。康熙六十一年，康熙帝病逝，胤禛即位，这就是雍正帝。雍正帝在圆明园原有"亭台邱壑"的基础上，"建设轩墀，分列朝署，俾侍值诸臣有视事之所。构殿于园之南，御以听政"。从此，圆明园成为清统治者经常居住和向全国发号施令的政治中枢，紫禁城的宫殿，只不过是皇权的象征，举行重大典礼之用而已。

乾隆帝即位的时候，清王朝已经建立了将近100年，国家的统一，政权的巩固，特别是经济的恢复和发展，为乾隆帝大兴土木提供了雄厚的物质基础。他即位以后，就先后改建和扩建了康熙、雍正年间在北京西北郊兴建的畅春园、圆明园、静明园、静宜园，又借疏浚西湖的机会修建了清漪园。这就是人们常说的"三山五园"。对于"三山五园"的功能，乾隆帝曾给予明确的定位。他说："畅春以奉东朝，圆明以恒莅政，清漪、静明，一水可通，以为敕几清暇散志澄怀之所。"这就是说，畅春园是侍奉皇太后的，圆明园是处理朝政的，清漪园、静明园是闲暇时游玩的。香山的静宜园，乾隆帝没有讲，但是它的功能与清漪园、静明园却属于同一类型。所以，这三座园林被称为"三山"，由同一大臣管理。从康熙帝开始的六朝帝后，都是在充满诗情画意的皇家园林中度过他们安富尊荣的岁月的。

二

咸丰十年（1860年）八月，英法联军近逼北京，咸丰帝带领皇后、妃嫔、子女和一些贵族、官僚逃往热河。九月，英法联军占领圆明园，在对圆明园进行疯狂抢劫之后，又野蛮地纵火焚烧。于是，被欧洲人誉为"万园之园"的圆明园以及附近的畅春、清漪、静明、静宜等皇家园林都成为一片废墟。

咸丰十一年（1861年）七月，咸丰帝病逝于避暑山庄，六岁的载淳继承皇位，这就是同治帝。九月，慈禧太后从避暑山庄回到北京，在以恭亲王奕䜣为首的贵族、官僚和帝国主义者的支持下发动政变，从载垣、端华、肃顺等赞襄政务王大臣手中夺取政权，以垂帘听政的名义登上了最高统治者的宝座。由于《北京条约》的签订，中外关系得到缓和，但太平天国、捻军以及苗民、回民起义却仍势若燎原，使清政府穷于应付，根本没有力量去修复已被焚毁的皇家园林，不得不住在被他们称为"红墙黄瓦黑阴沟"的紫禁城里。

同治七年（1868年）八月，慈禧太后通过心腹太监安德海授意善于逢迎的御史德泰代递内务府库守贵祥所拟筹款章程，"请于京外按户、按亩、按村鳞次收捐"。而当时的形势是"军事甫定，防务尚殷，国帑竭于上，民生蹙于下"。大兴土木，必然加重人民的负担，激起人民的反抗，使清王朝的统治出现危机。在统治集团内部就遭到竭力的反对。恭亲王奕訢以衅端将启，请旨切责德泰丧心病狂，著即革职；贵祥革去库守，发往黑龙江给披甲人为奴。

　　同治十二年（1873年）正月，同治帝亲政。这年八月，在慈禧太后的授意下，同治帝以奉养慈禧、慈安两宫太后为借口，下诏修治圆明园。这次，奕訢屈服于慈禧的压力，不仅没有反对，而且带头报效工银2万两。但是，大臣沈淮、游百川、李文田等纷纷上疏，请求缓修。不久，打着圆明园工程监督旗号招摇撞骗的李光昭因购买法国商人的木材，没有按合同交付货款引起了诉讼；报销时，又将价值5万余两的木材谎报为30余万两。法国领事照会天津海关道，要求将李光昭及所购木材一并扣留。李鸿章将此事上奏朝廷，称其贻笑取侮。御史陈彝也上疏弹劾。奉旨交吏部议处，李光昭被判处斩监候。反对修复圆明园的呼声更加高涨，加以"物力艰难，经费支绌"，"人心涣散"，在这种情况下，同治帝不得不宣布停止修治圆明园，改修西苑（一称三海，即北海、中海、南海）。同治十三年（1874年）十二月，同治帝病死，西苑工程也被迫停工。

三

　　同治帝死后，慈禧太后选择咸丰帝的同父异母弟、她的妹夫醇亲王奕譞的年仅四岁的儿子载湉为皇位继承人，这就是光绪帝。由于光绪帝年幼，两宫太后又一次垂帘听政。光绪七年三月，慈安太后病逝。光绪十年，慈禧太后以奕訢在中法战争中"因循委靡，决难振作"为借口，免去他的一切职务，撤去恩加双俸，家居养疾；宝鋆、李鸿藻、景廉、翁同龢等4位军机大臣也全部罢免。令礼亲王世铎在军机大臣上行走，庆郡王奕劻管理总理各国事务衙门事务，结束了北京政变以来"办夷之臣即秉政之臣"的局面，世铎、奕劻才具平庸，唯慈禧之命是听，慈禧的权力得到进一步加强。光绪十一年（1885年）四月，西苑工程再次开工。

光绪十一年（1885年）九月，成立海军衙门，派醇亲王奕譞总理海军事务，庆郡王奕劻、直隶总督李鸿章为会办。光绪十二年（1886年）六月，光绪帝已经十五岁，慈禧太后谕令：明年正月十五日，举行亲政典礼。经光绪帝、奕譞、世铎等王大臣再三请求，慈禧才表示同意于皇帝亲政后，再行训政数年。

为了使太后归政后有一个颐养天年的地方，并为光绪二十年（1894年）慈禧的六十大寿兴建一座举行庆典的场所，决定修葺清漪园。清漪园的大报恩延寿寺，是乾隆十五年（1750年）为乾隆帝的生母孝圣宪皇后六旬庆典而兴建的。此后，又在这里举行孝圣宪皇后的七旬和八旬庆典。清漪园的面积虽然不如圆明园，但是，它是在真山真水的基础上建造起来的，它的自然风光在北京的皇家园林中可以说是独一无二。乾隆帝在《昆明湖泛舟》诗中说："何处燕山最畅情，无双风月属昆明。"清漪园在乾隆心目中的地位可以想见，但是，修葺清漪园并不像修西苑那样简单，因为西苑的建筑未被焚毁，清漪园则成一片废墟。如果修复清漪园，不仅经费难于筹措，而且在民穷财尽之时大兴土木，必然会像同治年间修圆明园一样遭到激烈的反对。于是，慈禧太后利用人们要求创办海军，抵抗帝国主义侵略的愿望，以办海军之名，行修清漪园之实。光绪十二年（1886年）八月，奕譞奏请恢复昆明湖水操。九月初十日，翁同龢在日记中写道："海军衙门会神机营奏，在昆明湖试小轮船，复乾隆水师之旧。"乾隆年间，曾在昆明湖"设战船，仿福建、广东巡洋之制，命闽首千把教演"，"每逢伏日，香山健锐营弁兵于湖内按期水操"。但是，昆明湖毕竟不是练水师的地方，不久就陆续裁撤。此时，居然要在昆明湖练海军，岂不是天大的笑话！其实，"复乾隆水师之旧"，只不过是为修清漪园打掩护而已。因为，恢复昆明湖水操，就可以"恭备太后阅看水操"为名，修葺清漪园的各处建筑。正如奕𫍽所说："今日万寿山恭备皇太后阅看水操各处，即异日大庆之年皇帝躬率群臣祝嘏胪欢之地。"因此，水操恢复之日，也就是清漪园工程开始之时，再过两个月，事情的真相就更清楚了。

光绪十二年（1886年）十月二十四日，翁同龢在日记中写道："庆邸（奕劻）晤朴庵（奕𫍽），深谈时局，嘱其转告吾辈，当谅其苦衷，盖以昆明易勃海，万寿山换滦阳也。"勃海，即渤海；滦阳，就是地处滦河之北的避暑山庄。昆明湖代替了渤海，万寿山代替了避暑山庄。它清楚地告诉我们，清漪园工程在统治集团的某些人中已经不是秘密了。

为了掩人耳目，又设水师学堂于昆明湖，水师学堂，又称水操内学堂和水操外学堂（原址在今颐和园耕织图景区内）。光绪十三年（1887年）十二月十五日午刻，水操内学堂开学，这一天的未刻，主持水操内学堂开学典礼的官员又主持了为慈禧六旬庆典而兴建的排云殿的上梁仪式，当光绪十四年（1888年）二月初一日，以光绪帝的名义发布上谕，将清漪园工程公开并将清漪园改名颐和园的时候，颐和园的许多工程，如东宫门、勤政殿（仁寿殿）、玉澜堂、乐寿堂、长廊以及南湖岛、东堤、西堤上的许多建筑都已经开工甚至完成了。

四

在光绪十一年（1885年）至二十年（1894年）间，北京有两大皇家园林工程：一个是清漪园，一个是西苑（三海）。清漪园由海军衙门承修，西苑则由奉宸苑承修。承修的单位不同，经费的来源也不一样，清漪园的经费由海军衙门"分放"，西苑工程有时经费困难，也请海军衙门"垫放"，分放不需归款，垫放则需筹还。光绪十二年（1886年）五月四日，奉宸苑因承修西苑工程款不敷用，奏准于海军衙门发存英商汇丰银行生息船款内暂提30万两以济急需，同时札行粤海关监督于前次派筹100万两内拨还清款。但是，海军衙门曾与汇丰银行议定，如一月内取回1万两以上者须先1个月通知，而西苑工程急于用款，于是，经慈禧太后批准，由海军衙门存款内先行匀借30万两交奉宸苑承领。光绪十二年六月初二日，海军衙门在奏片中说："借拨奉宸苑修工银三十万两，先由海军衙门垫发。"与此同时，海军衙门就抄录批文和原片，咨行奉宸苑、户部查照，并札行粤海关监督"迅即照数筹拨解赴本衙门归款，勿稍迟延"，可见，清漪园经费和西苑经费是不能混为一谈的。

从现有的材料看，颐和园的经费主要有三个来源：

（1）从海军经费中拨给。光绪十七年（1891年）二月十六日，奕劻在奏片中说："颐和园自开工以来，每岁暂由海军经费内腾挪三十万两，拨给工程处应用。"

（2）海军巨款息银。海军衙门成立后，使奕譞等感到困扰的一个问题，就是海军经费历年拖欠，进出多有不敷，颐和园工程又给海军衙门增加了负担。为了备海军要需，同时也为了颐和园的修建，奕譞想出了一个主意："筹一大笔银款，存诸北洋生息。本银专备购舰设防一切要务，其余平捐输二款。另款存储，专备工作之需。"光绪十四年（1888年）冬，奕譞将这一想法函告李鸿章，要他转商两江、两广、湖广、四川、江苏、湖北、江西各督抚量力认筹，不久，各督抚先后电复：广东认筹银100万两，两江认筹银70万两，湖北认筹银40万两，四川认筹银20万两，江西认筹银10万两，直隶认筹银20万两，共银260万两。这就是人们所说的"海军巨款"。这260万两白银，自光绪十五年（1889年）二月起至光绪十八年（1892年）五月止，陆续解往天津，汇存生息，"所得息银，专归工用"。

（3）海防新捐垫款。海防捐的开设，始于光绪十年（1884年）中法战争期间。光绪十三年（1887年），黄河郑州段决口，改为河工捐。光绪十五年，海军衙门因筹款紧要，奏准将河工捐停止，仍改为海防捐，这就是新海防捐。光绪十七年（1891年）二月六日，总理海军事务奕劻等在奏片中说："（颐和园）每年拨工之款原属无多，各省认筹银两，亦作一时所能解齐，钦工紧要，需款益急。思维至再，只有腾挪新捐，暂作权宜之计。所有工程用款，即由新海防捐输项工暂行挪垫。一俟津存生息集有成数，陆续提解臣衙门分别归款。"这一经费来源，不同于海军经费拨款和海军巨款息银，这是"挪垫"，是要用存津生息的海军巨款息银陆续提解归款的。

尽管这三项经费的具体数目，目前由于缺乏确切的资料，准以统计，但颐和园的修建经费，仍然可以得其大概。

根据档案记载，乾隆帝修建清漪园，历时15年，共用银四百四十万二千八百五十一两九钱五分三厘。颐和园的经费，虽然没有像清漪园那样完整的记录。但是，根据样式雷家藏资料，颐和园56项工程，共用银三百一十六万六千六百九十九两八钱三分三厘。这56项工程，占颐和园工程总数的一半以上。由此推算，颐和园修建经费当在五六百万两之间，过去流传的2千万两、3千万两、5千万两、6千万两、8千万两诸说都是事出有因，查无实据的。

颐和园工程始于光绪十二年海军衙门成立之后，光绪二十年中日甲午战争爆发，北洋海军全军覆没。光绪二十一年裁撤海军衙门，颐和园工程也随之停止。颐和园工程，可以说是和海军衙门相终始。既然颐和园工程由海军衙门承修，修建经费由海军衙门分放，就不能说颐和园与海军无关。在颐和园"门栅内外皆大张海军衙门告示"，也就不值得惊讶了。

（作者单位：中国人民大学清史研究所）

谈谈"瓮山铡草"

胡忠良

清人吴振棫在其《养吉斋丛录》一书中谈及清代太监刑罚问题时，有这样一段文字："太监获罪……从前又有交内务府总管用九条链锁之者，有发瓮山铡草者、吴甸铡草者，有圈禁瓮山永不释放者。"按"瓮山圈禁铡草"一事，乃清代太监刑罚史方面的一个掌故，笔者撷拾撮集了一二有关的档案资料，循其脉络，姑试述之。

圈禁铡草，乃是清统治者用来处罚在宫内犯了罪失之太监的一种惩处形式。这种由上驷院负责拘禁宫内罪监的制度，早在顺治十八年（1661年）就有了明文规定。

在清代，最早作为集中拘禁铡草罪监的场所，当推瓮山马厩。瓮山即今颐和园（清代又称清漪园）的万寿山。瓮山之称，最迟在元代就已出现。相传有一老人于山上凿石，得一石瓮，因名之。康熙中期，上驷院于山上开设驽马厩一所。康熙三十年（1691年）得旨："有罪拘禁内监，着发往新设瓮山马厩铡草。"这便是宫内罪监

万寿山

谈谈「瓮山铡草」

发往瓮山圈禁铡草之制的肇始。

作为拘禁罪监的场所，瓮山厩圈禁铡草罪监的管理制度于其初始的很长一段时期内，始终处于混乱状态。这种局面一直持续到雍正时期才得以整顿。雍正五年（1727年），内务府上奏纠参上驷院及瓮山厩该管人员办事不力，对于所拘禁的铡草罪监人员等"不行严加管束，甚是怠忽，不以为事"，以致发生罪监逃跑之事。雍正帝对此十分重视，认为此事确乎"不可无专管稽察之人"，于是下旨，嗣后由内务府总管亲领瓮山厩铡草罪监的稽察之事，并责成内务府即行着手整顿管理制度。

内务府雷厉风行，相应地进行了一系列整顿，首先廓清了以往厩内铡草罪监与宫中发往的普通罪人混杂一起圈禁的状况，认为这些普通罪人"混同太监打一处居住，恐致扰乱"，有碍管理。于是将当时瓮山厩内尚还圈拘着的校尉刘天伯等七人，或发往打牲乌拉为打牲丁，或拨给山海关外的庄头为壮丁。从此瓮山厩便成了专门集中圈禁铡草罪监之所。清统治者还认为，这些罪监，"俱系身犯大罪，发给铡草之人，若仍令出圈外行走，必致乘便脱逃"，规定嗣后必须严行管束当差，不许令其出圈门。从而进一步缩小了铡草罪监的禁锢空间。同时，严敕该厩管理人员恪守规章，严加防范，若有"仍然怠忽不行管束者，亦加惩治"。对于铡草罪监的衣食问题，内务府比照有关条例也作了明文规定。经过雍正年间的这次整顿，瓮山厩圈禁铡草罪监的管理制度才真正建立起来。

乾隆时期，瓮山厩的罪监圈禁铡草制度愈臻完备。当时罪监的情况也有所变化：一方面收拘了大量的有年限的铡草罪监，另一方面发往瓮山厩铡草的罪监，不再仅限于内廷，内务府所辖各司各处也开始照宫内之例向瓮山发配铡草罪监。这样，瓮山厩便愈发引起了统治者的重视，有关太监铡草年限的条例一改再改，内务府有关瓮山铡草罪监的档案也遽增。

为了便于稽察管理，乾隆十年（1745年），内务府议定，以后瓮山厩的厩长每年将该厩年满将释的铡草罪监情况，提前报呈该司，照例奏请释放。而对于不在释放之列的铡草罪监，该厩长每年年底比照大理寺年底查奏永远枷号人犯之例，核呈该司备案。同时，鉴于"瓮山地方，地敞墙低，惟厩长、厩副二三人，稽察难周，不免疏纵之虞"，一面督促内务府该管酌量修整房屋，务令使罪监们住在一处，以便集中统一管理防范；一面又增派内务府领催一名、马甲五名，专门负责监管铡草罪监。对于管理不善的失职人员，处罚甚重。乾隆十年发生了一次罪监扭开锁从禁圈中逃跑又被抓回之事，结果该厩厩长、厩副各被罚俸六个月，负责看守的厩丁鞭八十，就连出外饮马不在圈内看守的厩丁也各鞭六十，以示惩戒。

瓮山厩圈禁铡草罪监之制，发轫于康熙朝，整顿于雍正朝，完备于乾隆朝，前后历经三代皇帝。乾隆十六年（1751年），瓮山厩迁往安河，遂不再有罪监在该厩铡草。

发往瓮山厩圈禁铡草的罪监，从档案记载来看，多是内廷供职的下层太监，其所犯之罪形形色色，不一而足。他们所受的处分大致可分为永远圈禁及有年限圈禁两种。

乾隆朝以前发往瓮山厩的铡草罪监，基本上都不定年限，因此均可称为永远圈禁者。这批罪监所犯之罪，与乾隆时期"缘罪"发往瓮山的永远圈禁罪监所犯之罪，轻重不可一概而论。从档案记载来看，康、雍时期发往瓮山永远铡草的罪监，尽是些讹诈官员银两、斗殴打人致死之徒。这种罪在乾隆时期即使从轻发落也要被发往边远地方为奴的。至于乾隆时期"缘罪"发往瓮山永远铡草的罪监，大多是因为顶撞了上司，或由于一时气忿，在宫内企图自杀而犯了"宫中擅动金刃"之禁者。这些太监的罪行一般较轻，但相对表明乾隆时期判刑是较重的。

瓮山厩圈禁的永远铡草罪监，其常额一般约十五名。从档案记载看，雍正五年（1727年）是十七名，乾隆六年（1741年）是十四名。此类永远圈禁的铡草罪监，一般来说，要熬到年齿已老、无力铡草时，才有希望出圈。如康熙五十四年（1715年）二月，罪监刘快嘴发往瓮山厩永远铡草，乾隆十五年（1750年）才被赦释为民，在厩带锁圈禁竟达三十六年之久。入圈时他还是一个血气方刚的精壮汉子，出来时已是一个风烛残年的皓首老翁。当时正是瓮山禁圈即将迁移吴甸之际，与刘快嘴一起的另一些罪监，虽然"年齿衰老，但发往年分尚属浅近"，因而没有获得赦释。

当然，也有些罪监由于刑罚制度的变更而侥幸被释回继续充差的。如乾隆八年（1743年）规定太监逃跑两次者，发往瓮山永远铡草。到了乾隆十年（1745年），又重新规定：两次逃跑的罪监，改为带锁发往瓮山铡草三年。据此，以前因两次逃跑而发往瓮山永远铡草的罪监冯玉、张凤、成贵等得以减刑，于乾隆十年发往热河当差。

发往瓮山铡草有年限的罪监，主要是犯了逃跑之罪，其受罚年限或一年，或三年，个别也有六年的。乾隆元年（1736年），内务府便奉旨："拿获此等逃走太监，俱经发往瓮山铡草，嗣后俟伊等一年满时，着奏闻交与畅春园总管石守旺管束当差，不许出门。"乾隆十年（1745年），又重颁太监二次逃走被获者发瓮山带锁铡草三年的规定。当时，这类有年限的铡草罪监在瓮山厩全部圈禁铡草罪监中占有相当比重，有时甚至超过了永远圈禁铡草罪监的人数。据内务府奏案所载粗略统计，乾隆二年（1737年），瓮山厩所拘有年限的铡草罪监为六名，乾隆十年增至十名。这主要是为了对付乾隆时期太监逃跑日益增多的现状。

乾隆初，此等有年限的铡草罪监，如系内监，铡草期满后，一般都发往畅春园交该总管严加管束当差，即所谓"拨外围当差"；乾隆十年（1745年）以后，则一般都交与热河总管严行管束，食一两钱粮。至于掌仪司、营造司等处发往的罪监，铡草期满后，一般仍回各司，由该司自行严加管束当差。

发往瓮山厩圈禁铡草的罪监，很多都是身挂铁锁链的，尤其是那些被罚永远铡草的，甚至带有九条锁链之多。雍正五年（1727年），发生了铡草罪监扭锁逃跑之事。为防止逃跑，内务府议定，将罪监皆另换坚固之锁。从乾隆十年（1745年）瓮山厩圈禁永远铡草罪监花名单上看，十五名罪监中，带锁链者计有八人。

关于铡草罪监的衣食问题，初期并无定例。雍正五年（1727年），瓮山厩内所拘禁的牛进朝等十七名罪监，每日还是以喂马的仓米、料豆充饥。统治者认为，"伊等每日食喂马仓米、料豆，则喂马之正项有亏"，这才由内务府议定，今后瓮山厩圈禁铡草罪监，亦照慎刑司监犯之例，由上驷院给以官饭。而衣被方面，也是到了雍正六年才奏准："瓮山铡草内监，每年春季各给蓝布袷袄一件、单裤一条，冬季给粗布棉袄一件、棉裤一条、棉袜一双。三年一次给老羊皮袍一件，均呈堂移咨广储司支领。"

铡草罪监的精神是压抑苦闷的。他们被禁锢在禁圈内有限的天地里，每日都要担负着沉重的铡草喂马、煮料添料、捡粪扫厩等繁重而又乏味的劳役。长时期地与外界隔离，枯寂的圈禁生活，加上沉重的劳役，使他们心情萎靡不振，往往为着一些无谓的细事发生争吵，以致动武殴斗。

看管罪监的厩长、厩丁们对于罪监管束甚严，常常打骂。乾隆十年（1745年），铡草罪监王保逃跑后被逮，他在供词中说，过去由于与其他罪监口角，被厩副打过，又因为草铡得粗了，遭到厩丁的毒打。"由于打的次数太多，受不了，才跑出来。"

即便是从瓮山禁圈铡草期满被释回当差的太监，也按规定严加管束，并委以苦差。因此，有些从瓮山释回的太监由于不堪忍受而再次逃跑。这样的记载在内务府档案中屡有所见。这等再逃的太监，被逮后有的仍交瓮山厩永远带锁链铡草，而多数则被发往黑龙江、吉林等边远的地方。

瓮山马厩圈禁铡草罪监，其制历经三朝，前后达六十年左右，然而到了乾隆十六年（1751年）却遽然中断了。其原因何在？原来，自称"山水之乐不能忘于怀"的乾隆皇帝早已相中了瓮山的风景。乾隆十四年（1749年），便以治水为名，任命内务府大臣三和负责修建扩展西湖（今昆明湖）行宫。乾隆十六年，乾隆帝之母钮祜禄氏六十大寿。为了祝寿，乾隆帝在改西湖为昆明湖的同时，改瓮山为万寿山，并于山上圆静寺旧址建造了大报恩延寿寺。这年的七月，全园定名清漪园。瓮山马厩遂于乾隆十六年迁往安河，对该厩所圈禁的铡草罪监，清统治者也早有安排。乾隆十五年（1750年），内务府奏定："今查得南园吴甸厩长萨尔苏之圈地方宽敞，请交与工程处，令其酌量作速盖造房数间，完日即将太监等移至彼圈铡草可也。"这样，乾隆十六年，原瓮山厩禁圈迁至吴甸，并出现了"吴甸圈禁铡草"之制。

（作者单位：中国人民大学清史研究所）

乾隆为什么没有诗赞"金光穿洞"?

— 程广媛

这几天,北京颐和园十七孔桥的"金光穿洞"成了热门"网红",吸引了不少游客和摄影爱好者前去观赏。所谓"金光穿洞",就是每年冬至前后,日落时分,十七孔桥的十七个桥洞都被夕阳点亮,美不胜收。于是坊间流传,这是古人建桥时运用了天文学原理,因此赞美其是巧夺天工的一大奇迹。事情果真如此吗?

让我们穿越回清代。在乾隆十四年(1749年),乾隆帝准备为其母孝圣皇太后庆祝六十大寿之前,西湖(昆明湖前身)上本没有桥,只在湖东界长堤上有一座龙神祠。旧长堤的位置是自龙神祠斜上西北直至今昆明湖石舫附近。也就是说当时的瓮山(万寿山前身)与西湖基本上是东西错开的。同年冬天,乾隆命将旧长堤东移至畅春园的西堤(即今昆明湖东堤的位置),并挖湖东扩,留下龙神祠,形成今日的南湖岛。同时,在湖的西堤外又建藻鉴堂和治镜阁岛,与南湖岛分别象征东海的三仙岛,即蓬莱、方丈与瀛洲。扩建后的西湖名为昆明湖,

十七孔桥

比原来的西湖大了两倍,形成我们今天看到的水抱山环的美丽风景。

清帝非常重视敬天祈雨,所以乾隆帝重修龙神祠,改名广润祠,后又御名"广润灵雨祠",并且年年都到这里祈雨,企盼天下风调雨顺。有了南湖岛,与岛最近的岸边必然要建桥以相通,这样,十七孔桥也就应运而生了。

此桥是三山五园中最大的桥,仿卢沟桥而建。桥上的石雕极其精美,每个桥栏的望柱上都雕有形态各异的狮子,惟妙惟肖,大小共544个,比卢沟桥上的石狮子还多。桥两头还有石雕异兽,形象威猛,极为生动。十七孔桥上有乾隆撰写的匾额,正南端是"修𬟁凌波",形容十七孔桥像一道彩虹,飞架碧波之上。正北端是"灵鼍偃月",比喻十七孔桥像西海神兽,横卧水中如同半月。至于古人如何用天文学原理制造出"金光穿洞"现象,我想这完全是子虚乌有的事。

乾隆帝还令在十七孔桥的东岸建造国内最大的敞亭"廓如亭",

这是清帝与翰林词臣们饮酒赋诗的地方。当时的清漪园（今颐和园）东堤是没有园墙的，于此亭四面观景，可让人无私无欲，胸怀宽广，故名"廓如"。另外，乾隆帝有时在畅春园问安或想去玉泉山静明园，又或由万寿山返回圆明园时，这里也是他的登舟之处，极为近便。乾隆帝曾作《廓如亭》诗，其中云："虚亭湖岸俯澄流，恒此登舟亦舍舟。设以廓如名责实，大公却与我心投。"

清漪园建成后，乾隆帝非常喜欢这座山水园子，每年数次前往游观，光吟咏清漪园的诗就多达1500余首。其中，在《昆明湖泛舟》一诗中，他赞美道："何处燕山最畅情，无双风月属昆明。"盛时的清漪园景观有100余处，可以说是晨昏皆佳，四时皆美。其中观赏夕阳落日最佳之处，除十七孔桥外，还有望蟾阁、夕佳楼、知春亭等诸多地方。但品读乾隆的清漪园诗时，我们却发现，里面不仅没有一首咏十七孔桥的诗，也没有咏清漪园夕阳落日的诗，更不要说"金光穿洞"了。这又是什么原因呢？

原来，乾隆帝在乾隆九年大规模扩建圆明园后，他写了一篇《圆明园后记》，赞誉圆明园为"天宝地灵之区，帝王豫游之地无以逾此"，暗示自己不再建园，但事隔不久，清漪园又动工了。随后，乾隆给自己立了一个规矩，如他所说："园虽成，过辰而往，逮午而返，未尝度宵。"也就是说，他每次赏游清漪园都在上午八时左右，到中午就返回圆明园，从不在清漪园中过夜。这一点，乾隆帝还真是做到了。所以，我们今天能够欣赏到的十七孔桥"金光穿洞"的自然美景，当年贵为天子的乾隆大帝却无此眼福，这不能不说是他的一个小小遗憾吧。

（作者单位：中国大百科全书出版社）

玉泉山天下第一泉

阚红柳

坐落于北京西山东麓的玉泉山，自明、清以来，成为历代帝王游幸避暑的好去处。山以"水清而碧，澄洁似玉"的玉泉而得名，据明人蒋一葵在《长安客话》中描述："泉出石罅间，潴而为池，广三丈许，名玉泉池，池内如明珠万斗，拥起不绝，知为泉也。水色清而碧，细石流沙，绿藻翠荇，一一可辨。"而玉泉水，也成为清代帝王专享的饮用水，乾隆年间，更被皇帝御封为"天下第一泉"，并御制《玉泉山天下第一泉记》，从而扬名天下。

泉甘水美胜诸泉

玉泉山泉水之胜，久已名闻遐迩。元代蒙古族医学家勿思慧兼通蒙、汉医学，对养生学很有研究，著有《饮膳正要》，说明玉泉水的疗疾之效，认为其"甘、平、无毒。治消渴，反胃，热痢。

玉泉山之塔

玉泉山天下第一泉

今西山有玉泉水，甘美味胜诸泉"。明李梦阳诗中有"六载金山梦玉泉，北来双袖几便旋"之句。

早在清初，玉泉山泉水便被定为宫廷专用饮水。据《清世祖实录》记载，顺治十七年（1660年），内大臣索尼上奏进言，提出："私决泉水宜杜也。京北玉泉山之水，止备上用，其禁甚严。今诸王、贝勒以及各官辄皆私引灌田，遂致泉流尽竭，殊干法纪。今后宜严谕禁止，庶泉流不竭矣。"宫廷的饮用水，由尚膳房负责，备有服役人一百零三名，每日运送静明园玉泉水。宫中的马拉水车，每日从玉泉山起程，经西直门运水到宫内。西直门也因此有"水门"的说法。宫中清朝帝后每天的饭食都有定制，备办物料按"分例"执行，皇帝每日的膳食中，除各种肉禽蛋奶外，还例用"玉泉水十二罐"，皇后用的玉泉水分例与皇帝等同。溥仪退位后，运载玉泉山水的拉水车仍然每日黄昏时分进入神武门，算是给末代皇帝保留的一种优待。

赋予玉泉水天下第一称号的是乾隆帝。他认为，水以轻为贵，指出："水之德在养人，其味贵甘，其质贵轻。然三者正相资，质轻者味必甘，饮之而蠲疴益寿，故辨水者恒于其质之轻重分泉之高下焉。"以此为标准，乾隆帝对天下的名泉佳水加以研究和品评，他用特制的银斗比较衡量，以轻者为上：北京玉泉水重一两二钱，为最轻；济南珍珠泉水重一两二钱；镇江中汁泉水重一两三钱；无锡惠山泉、杭州虎跑泉水均为一两四钱。由此，乾隆帝把天下名泉列为七品，而京师玉泉名列第一。按照乾隆帝的标准，以水质轻者为最佳，玉泉水含杂质最少，水就轻，质量就是最好。他在《玉泉山天下第一泉记》中说："则凡出于山下，而有洌者，诚无过京师之玉泉，故定为天下第一泉。"

痴迷于天下第一泉的乾隆帝每日必饮玉泉水，即使出宫巡游各地，也要载水而行。清人徐珂辑录的《清稗类钞》转述了乾隆帝以水洗水的故事：乾隆帝出宫巡游，必载玉泉水以备饮用。为了防止时间过久，水味污浊变质，先将玉泉水放入一刻有刻度的大容器内，记下水位刻度，也就是玉泉水的容量，再注入其他地方的水，搅动后让水沉淀，污浊沉于下，而清水浮于上，此法号称"以水洗水"。使用时按照玉泉水的容量倒出最上一层的水，即如数完整的玉泉水。乾隆帝的依据是玉泉水轻，而其他水重，按轻浮重沉之理，玉泉水必在上层。据说，用这种办法储存并洗过的玉泉水，味道分毫不差。

玉泉之水用途多

玉泉水不仅供皇室饮食之用，还被用于酿酒。据《钦定满洲祭神祭天典礼》记载，每年春秋两季立杆大祭（清宫萨满祭祀）所用清酒，是提前四十天在坤宁宫内酿造而成的。而酿酒所用之水，即为玉泉水，取其无杂质，味醇正。为备办坤宁宫祭祀用酒，每年春秋二季可往静明园取玉泉水各八天，每日用苏拉（清代内廷机构中担任勤务的差役）六人，乾隆二十三年后改为定例四人。宫内酿造的玉泉酒更是少不了玉泉水，据《钦定大清会典》记载，每酿造三百七十斤，需用玉泉水一百六十八斤。玉泉酒以醇厚清香而著称。据《内务府奏销档》记载，嘉庆元年在乾清宫为乾隆帝举办千叟宴，每席用玉泉酒9两，800席共使用玉泉酒400斤。

赐朝臣以玉泉之水亦成为殊荣。康熙五十二年（1713年）老臣李光地患腹泻，虚弱不堪，康熙帝特命大臣代赐内服之木瓜膏及外用止泻膏药，并命每日送两罐玉泉水，以供食用。李光地服用半月多，果然腹疾见效，"脾气大清，饭量亦进"，于是乞请停止赐水。康熙帝命出暑天后再停止赐水。到七月，李光地上奏折谢恩，表示："自天雨露之恩，苏枯起萎，刻骨铭心，无以为报。"李光地养疴蒙恩日赐玉泉山水的故事在清人间流传，汤右曾有诗云："间征故事古来无，万石流传满上都。争道相公清似水，故教日送两宫壶。异恩殊渥迥无伦，康济应先报国身。东海平分千斛水，忆曾宣勅到波臣。"

玉泉山遍地皆泉，水量丰沛，有清一代从未断流，成为京畿多条河流的源头。乾隆帝在诗中有"泉称第一冠天下，灵佑皇都万载资"之句，诗注中又解释说："玉泉灵源浚发，畿甸众流皆从此漾注。予因定为天下第一泉。"也就是说，玉泉水除了泉甘水冽之外，还是众河之源，是京城的水利灌溉系统的源头。玉泉水下流，成为山下稻田的灌溉用水。玉泉山下的稻田，在明代仅少量种植。到清代康熙乾隆年间，经过大规模开辟，达到上万亩之多。内务府在青龙桥西设立了行政机构稻田厂，专门管理京郊的御稻田。《清圣祖实录》中记载了玉泉水灌溉的妙用。康熙帝南巡，"曾见舟中满载猪毛鸡毛，问其故，则曰：福建稻田以山泉灌之，泉水寒凉，用此则禾苗茂盛，亦得早熟"。康熙帝记住了这种用高山泉水灌溉稻田的方法，将玉泉山泉水所灌稻田亦照此法，果然获得丰收。玉泉山下的稻田，依仗着玉泉水，形成了一整套完善的灌溉系统，"京西稻"也成为清代有名的水稻品种。

康熙二十九年（1690年）的诏谕反映了玉泉水的重要地位，康熙帝指出："玉泉山河水，所关甚巨。西山一带碧云、香山、卧佛寺等山之水，俱归此河。从前此河由青龙桥北汇入清河。后因欲引此水入京城，将高处浚河之两旁复加谨防固，以分水势。今值霪雨之际，水势漫溢，堤岸冲决数处，尔等速将闸板启放，使河水畅流。一面令工部将冲决之处速行堵筑。"玉泉水流出静明园后，流向东北方的称为清河，流向东方昆明湖的称为玉河，流向东南方的称为金河。金河与玉河汇为长河，经由北护城河东流，流入城内便有了积水潭、什刹海、西苑三海、金水河、玉河、护城河以及出城后的通惠河。可以说，玉泉水滋养着整个北京城。

都城龙脉与神山圣水

中国传统风水学认为，都城的西北要有龙脉，保护龙脉的思想即由此而来。所谓龙脉，就是指连绵起伏的青山。龙脉的中心为祖山，被认为是王气郁积之地。而北京城西，太行山山脉蜿蜒迤逦；北京城北，燕山山脉簇拥拱卫。两条山脉的交汇之地，形成了风水上所谓的龙脉。元人刘秉忠是元朝国都元大都的规划设计者，奠定了北京市最初的城市雏形。他曾经在北京城西北一代勘察，利用风水学说，解释京城地理的龙脉所在。刘秉忠认为，玉泉山是龙脉的中心，即祖山，玉泉水则是龙脉的象征。

龙脉思想对明清人有深远影响。明代帝王择地建陵，为了保全十三陵的风水，将整个燕山山脉都作为保护对象。十三陵西南数十里的西山、金山、玉泉山、七冈山、红石山、香峪山等都是山陵龙脉所在，这些地方都不允许"造坟建寺，伐石烧灰"。

清初，以玉泉山为龙脉的观念仍然影响着清人。卫周祚《罢玉泉山烧灰纪事》一文记载了顺治十三年（1656年）朝臣为保护龙脉，严令停止在玉泉山烧灰的前后经过。当年因皇宫内三殿动工兴建，工费浩繁，昌平有灰户欲乘机谋取利益，于是"倡言灰用不支，取诸近地恐不给，远致之他方，工用益靡"，提议西山老虎洞"石良宜灰"，而且地近宜致，可以节省工费。一些官员听信灰户说辞，准备在西山一带画明地界，伐石烧灰。兵部尚书兼都察院右副都御史贾汉复奉旨前去查看，到西山查勘大惊，曰："此玉泉山也，昔余曾同相国范公游，知系都城龙脉，何物奸民，诳言耸听，以伤国本。"贾汉复指出，玉泉山为都城来龙发源之基，"断不宜毁"，认为"此山既不便凿石为灰，亦当不取便煤为薪"，如山脉断，水源竭，则都城必大受害。贾汉复据风水之理力争，阻止了玉泉山烧灰之事，被认为是鸿猷伟烈，上关国脉，下及民生，"厥功甚巨"。

顺治十五年（1658年），清帝明确规定："京城北面一带，不许掘土开窑烧砖，以固龙脉。"康熙五十二年（1713年）又规定禁止开采青龙桥以北诸山。乾隆时期在玉泉山修建祠庙祭祀惠济慈佑龙王之神，每有雨泽不时，就前往玉泉山拜祭龙神，祈祷下雨，竟然无不应验，玉泉山的神山与圣水，更加受到清代帝王的看重。

乾隆五十年（1785年），乾隆帝接到大臣奏报："碧云寺之泉，自上年十二月以后，竟无来水。"灵气十足的泉水竟然枯竭了，乾隆帝非常震惊："碧云泉水自前明以来，源源不竭。且旧有砌筑沟槽以及寺内僧房，俱接引此水以资灌溉。此系有源之水，与玉泉趵突泉相同，从来未至枯竭。此时或来源不能旺发，泉源细微，尚属事之所有，断无竟成干涸之理。"屡经严旨彻查，发现私挖煤窑商人挖断泉水而导致碧云寺之水干涸，最终商人韩承宗请求赔修引沟，保证寺内接引玉泉之水。乾隆帝要求："务使永远接济，不致复有干涸之事。"

（作者单位：中国人民大学清史研究所）

清帝苦热与园林避暑

阚红柳

长安居大不易，诸如住房、交通、教育、压力等因素，历历可数，而北京夏日的高温炎热，亦为有亲身体会的京城人士的一大苦楚。夏天的北京炎热多雨，夏至过后，气温上升很快，天气入伏，令人胸闷气短的暑热随之而至，气压低，温度高，整个城市如蒸如煮，令人难以忍受。选择定都北京的清代帝王，无疑也要经受夏日高温的熏蒸，清帝的苦热与建园林以避暑自然而然地成为清代皇家园林历史研究领域的一大话题。

帝京酷热天下无

暑热的滋味令人体感极为不适，故清人关于京城夏日的文字记述充满了"晴热""燥热""赤日杲杲""热甚"等字样，而身体的反应则是"汗出如浆""热不可耐""郁蒸殊不可耐"。清初诗人施闰章有《苦热行》，真切反映了帝都北京夏日的酷热程度：

帝京酷热天下无，谁言白日寒幽都。往时昼汗夜拥被，朝昏爽气生肌肤。今年日夜如釜甑，赤身卧地仍狂呼。庞眉父老称怪事，人瞷马喘死载途。辇冰如山塞路衢，千家买尽争须臾。去冬苦寒今苦热，天气过差偏有馀。江南炎暑常胜北，关情故里当何如？近闻太白复昼见，忧来侧足重踟蹰。

意大利传教士马国贤在康熙、雍正年间在北京生活十余年，他谈到北京夏天的高温时，认为："北京坐落于一块往南旅行十日也不见沟壑的平原上，同时，往北走不出很远，就有无数的崇山峻岭。就因为往南是广阔的平原，往北是许多高山，北京就显得夏日酷热，冬天严寒。"传教士的想法还是有一些科学性的。就地理位置和自然气象来说，北京位于华北大平原的西北端，北部和西部是山区，东南部为平原地带，属典型的温带大陆性气候，故四季分明，春秋短而夏冬长。对清代帝王来说，北京的夏天格外漫长和炎热。

高温和严寒往往会招致灾难，明清以来的史料中记载了一些北京因暑热成灾的年份。据《明实录》记载，正统三年（1438年）六月，"炎暑炽热，都城门外少见路人，（护城）河水减半，草木遍黄，无以生机"；成化十六年（1480年），"暑热难耐，燕地皆赤日"，顺天大兴、宛平因中暑毙命者达百余人。入清之后，伏暑不减酷热，史料中亦不乏暑热伤人的记述。据《清圣祖实录》，康熙十七年（1678年）"六月炎暑，自京师至关外热伤人畜甚重"；乾隆八年（1743年），据法国传教士宋君荣记载，老北京人从未遇到像1743年7月间这样炎热的天气，"贫民和其他一些人，主要是胖人中暑或热死，死者躺在街道或屋内，许多人在向上天祈祷和忏悔，为此皇帝和大臣们专门开会研究采取措施，以解除人们的痛苦。另在每条主要街道和城门洞，也都在发放降暑药品及冰块"。该年的实录中记载了乾隆帝的忧虑："今日京师天气炎热，虽有雨泽并未沾足。若再数日不雨，恐禾苗有损，且人民病暍者多。"病暍，即中暑而死，当时是很可怕的难治疾病。为预防和减少百姓病暍的发生，乾隆帝发内帑银一万两，分给九门，每门各一千两，正阳门二千两，要求各门相应预备冰水药物，以防病暍。

这些情况均说明，要想在北京城度过炎炎夏日，必须在心理准备之余，做好避暑的各种实际准备。

怕热的清代君主

满族崛起于山海关外，长期生活于白山黑水之间，体质抗冷而不耐热。在努尔哈赤、皇太极统率八旗部队南北征战的过程中，经常趁天冷出兵，溽暑天气则修兵停战，即为证明。在《太宗圣训》中，记载了皇太极的箴言："当此六月酷暑，挥扇纳凉尚不能堪，岂能擐甲而战乎？"道出满族士卒耐严寒而无法抵挡酷热的实情，当然，同时表明统治者本身也是非常怕热的。

顺治七年（1650年）七月，因难耐京城酷热，摄政王多尔衮准备在边外择地建城避暑，他指出："京城建都年久，地污水咸。春秋冬三季犹可居止，至于夏月，溽暑难堪。但念京城乃历代都会之地，营建匪易，不可迁移。稽之辽金元曾于边外上都等城为夏日避暑之地。予思若仿前代造建大城，恐靡费钱粮，重累百姓，今拟止建小城一座，以便往来避暑，庶几易于成工不致苦民。"多尔衮为避暑而建城之事未见工成，但他实在难以忍受京城的夏天则是不争的事实。

康熙帝是历史上有名的勤奋好学的君主，但因为京城的暑热也不得不采取一定的措施减少政务活动，甚至为此暂停过经筵进讲。康熙十二年（1673年）五月底，讲官傅达礼等进谏："先因夏至，奏暂停进讲。奉旨，至六月大暑时再行请旨。皇上勤学如此，虽古帝王未之多见。臣等叨侍经幄，不胜忻舞。但今值炎暑，且皇上日理万几，恐圣躬过劳，谨遵前旨奏请。"对此康熙帝无奈表示同意："今既溽暑，姑停数日。"为了体现圣明君主普惠百姓，康熙五十三年（1714年）六月十三日，康熙帝下令，将在京监禁罪囚，少加宽恤，令狱中多置冰水，以解郁暑，并下令九门锁禁枷号的人犯，暂行释放，俟暑退后"仍照限补枷"。又传旨谕兵部，"今值酷暑，驿递人马交困"，故减缓应到期限，允许缓至第二天日出前递到即可。换言之，罪囚可饮冰水，枷号人犯可以暂缓枷号，驿卒可以减少白天的公务活动，改为夜行，以防暑热伤身，这是康熙帝对狱囚和驿卒普施的慈悲和宽悯。

雍正帝曾经在炎热的夏日里中过暑，为此，"每至盛暑之时，心中稍觉畏怯"。雍正一朝的史料中，出现"畏暑"字样的史料是比较多的。每年夏至，按礼制，有祭地的习俗，皇帝要率领文武百官祭祀地坛，以祈求灾消年丰。雍正五年（1727年）四月二十七日，因为担心身体受不了暑热的缘故，雍正帝下达谕旨给内阁："今年夏至，为祀地方泽，太常寺具奏。朕见天气尚凉，是以降旨亲诣行礼。日来天气甚觉炎暑，若勉强前往，转为不诚。朕一举一动皆本于实心，并无一毫矫饰，何况祭祀大典。此次停止亲诣行礼，着康亲王崇安恭代。"雍正帝自己怕热，因此也格外体恤大臣，雍正三年（1725年）六月初七日，因天气炎热，雍正帝下令紫禁城内六十五岁以上的领侍卫内大臣、前锋统领、护军统领、护军参领、侍卫班领、侍卫以至护军校等停其直宿之班，由年少之人代为直宿，此外，紫禁城内凡守门看堆子之护军等有年龄超过六十岁者亦停其直宿之班，由年少护军代为直宿。等到过了三伏天，至秋凉时，再令六十以上各官值班，算是对年老官员的优待。同时，雍正帝还特别提到，因天气炎热，早晨大臣等奏事出入之际，看门之护军等可照常穿衣，至午后，天气太热，护军们可以脱袍系带，稍为纳凉。

乾隆帝也怕热，他曾以《热》为题赋诗：

清和方上旬，袷衣尚嫌凉。过望数日间，酷热顿葛裳。
凉谓夏临缓，热云夏来忙。芒种五月节，其实十六当。
炎炽固为宜，不常中之常。人情多所憾，率鲜安分偿。
我虽知是理，筹农仍蜀望。三春膏泽霈，满冀二麦穰。
弗雨过半月，虑旱心徬徨。即日晒麦宜，禾黍才吐秧。
弱植根未固，歊蒸能无伤。烦绪触怀吟，不觉言之长。

格外怕热的清代君主夏至过后，自然要寻找各种手段避暑。总之，采取必要的措施，以合情合理的方式度过炎热的夏天，大概是清代君主政务活动之外，每年必须面对的问题。在京城西郊开拓和建设三山五园皇家园林，应该说是解决了清代君主盛夏避暑的有效方案。

避暑胜地属园林

古人消暑纳凉各有其道，如查慎行《即事》诗中有"老夫畏暑如酷吏，逃入邻园树影中。贪趁槐荫成久坐，归来衣上带青虫"之句。嘉木成荫，端坐树下是纳凉避暑的常见方式，近水借水气以去热消暑则是古人很自然的选择。顾颉刚先生认为，元代君主曾经利用北海有利的水资源避暑，每到暑热季节，把北海的水汲上去，喷洒开来，所以就凉快。临近水源，高温稍有下降，体热会有所缓解。雍正帝有《舟中纳凉》诗，写道：

开遍芙蕖水为香，疏槐鸦影乱昏黄。
停舟待月寻佳句，卷幔吟风纳晚凉。
渔笛数声飘远岸，茶烟一缕飏修筐。
畅舒心志逢清夏，寂寂花阴漏正长。

乘坐小舟，行于水乡泽国深处，确实可以收到散解暑气的功效。雍正帝还有一首《园中即景》诗，写道："林亭幽静晚风凉，水气侵衣荇藻香。"很生动形象地解释了水气带来的凉爽体会。京城紫禁城内的三海（中海、南海、北海），水域面积广阔，自然清凉，是避暑的好去处。早期康熙帝避暑，多选驻跸瀛台。比如，康熙二十年（1681年）七月初四日早晨，康熙帝诣太皇太后、皇太后宫恭请避暑，太皇太后移驻五龙亭，皇太后移驻紫光阁，而皇帝则在瀛台听政。必要时暂时离开京城，到温度较低，较为凉爽的口外去，也是避暑的一种选择。比如康熙二十二年（1683年）六月，康熙帝奉太皇太后出古北口避暑。康熙二十三（1684年），再次出古北口避暑。康熙二十四年（1685年），皇帝圣体违和，太皇太后认为是天气太热所致，劝皇帝到口外避暑静摄。当瀛台不能完全解决暑热问题，而口外避暑多有不便，京城西郊的自然山水就成为清帝避暑的又一选择。

北京的西郊，西山蜿蜒若屏，清泉汇为湖沼，是天然的避暑佳地。康熙帝在《萼辉园记》中曾写道："京师西北隅，地旷而幽。西山叠巘，近可指瞩。清泉交流，渟泓于其间。林木茂密，禾黍芊绵，有古鄠杜之风焉。"这一处天然风景绝佳的所在，自康熙朝以后，经过雍正、乾隆几朝皇帝的营建，终于建成以畅春园、圆明园、万寿山清漪园、玉泉山静明园、香山静宜园为代表的皇家园林带，形成西郊三山五园的宫苑格局。

康熙帝曾明确说明畅春园建造之用意："每以春秋佳日，天宇澄鲜之时，或盛夏郁蒸，炎景烁金之候。几务少暇，则祗奉颐养，游息于兹。足以迓清和而涤烦暑，寄远瞩而康慈颜。扶舆后先，承欢爱日，有天伦之乐焉。"春秋佳日，可以观景怡心，盛夏酷热之时，则可以一解烦热。康熙帝有《避暑畅春园雨后新月》诗："园亭气爽雨初晴，新月朦胧透树明。漏下微眠思治道，未知清夜意何生。"在畅春园内避暑的皇帝，解决了暑热所引起的烦闷，可以正常处理政务了。

乾隆帝统治时期，对三山五园的功能性加以整体部署："畅春以奉东朝（指奉太后颐养），圆明以莅恒政，清漪静明，一水可通，以为敕几清暇散志澄怀之所。"乾隆一朝，夏日园林给帝王解决了苦热的大问题，乾隆帝或驻圆明园，或泛舟清漪园，或驻静明园、静宜园，活动愈加丰富。乾隆帝的《夏日香山静宜园即事》诗中有："别业非遥便往还，兰椒迤逦辟云关。看山延得半斋爽，逭暑权因一日闲。鹤领雏来调弱羽，鹿希革后长新斑。书帷何必韦编展，大地羲爻注此间。"说明西郊三山五园地带因临近紫禁城，给皇帝避暑带来很大的便利。

当然，延爽纳凉更专业的园林则是建于热河的避暑山庄。康熙四十二年（1703年），建避暑山庄于热河西岸，山清水秀，密林幽深，尤其离京城不远，可以保证清帝处理国政的需求，而在避暑方面，其夏日的气候显然更优于京城的西郊，故山庄建成后清帝经常至此避暑。康熙五十一年（1712年）五月，康熙帝出京城前往避暑山庄，在途中写道："畏暑乘舆出凰城。"为了躲避可怕的京城夏日，皇帝只好奔赴热河。年迈的乾隆帝更加畏惧暑热，"老来畏暑意饶前，方泽祭过启跸旃"，夏至过后就要离京避暑了。乾隆帝还在文集中写道："且余年已望七，迩年觉畏暑，园居稍得清凉，可以精勤庶务。"不忘记解释避暑的同时亦不废政务，清帝避暑、理政两不误，这是京城西郊的三山五园与塞外的避暑山庄都为清代仅次于紫禁城的政治中心的原由所在。

（作者单位：中国人民大学清史研究所）

御园赏荷旧事

阚红柳

水陆草木之花，可爱者虽繁多，而荷花之爱，自古不乏其人。宋周敦颐《爱莲说》脍炙人口，明清以来，种荷、赏荷并为之吟唱者，所在多有。"清水出芙蓉，天然去雕饰"，荷花之美，源自天然；"出淤泥而不染，濯清涟而不妖"，荷花也是品德之美的象征。清代北京的西郊，河湖密布，如颐和园昆明湖的前身西湖，在明代已经是夏日赏莲胜地。明袁宗道在《西山十记》中说："每至盛夏之月，芙蓉十里如锦，香风芬馥，士女骈闐，临流泛舸，最为胜处矣。"依西郊地势建造的清代皇家园林，水景处处，集天然与人工为一体，多赏荷佳处。

御园赏荷多佳处

清人李渔，爱莲如命。他认为百花之中，荷花更为出众："自荷钱出水之日，便为点缀绿波，及其劲叶既生，则又日高一日，日上日妍，有风既作飘摇之态，无风亦呈袅娜之姿。"等到菡萏成花，后先相继，娇姿欲滴。花谢之后，"而乃复蒂下生蓬，蓬中结实，亭亭玉立，犹似未开之花，与翠叶并擎，不至白露为霜，而能事不已"。荷花，"无一时一刻，不适耳目之观；无一物一丝，不备家常之用"。荷花之风姿可目，荷叶之清香、花朵之异馥可鼻，莲子与藕可口，就连经霜之荷叶，还可以作为全年裹物之用。李渔自称："予有四命，各司一时：春以水仙、兰花为命，夏以莲为命，秋以秋海棠为命，冬以腊梅为命。"四命之中，莲命为最。荷为水生，近距离观赏不易。自唐朝，富贵之家一般都会挖池养荷，既美化环境，又可满足夏日避暑和赏荷的双重需要。但荷花的种植颇考验爱荷人的资财，需要连续的水源和广阔的池塘作为场地，可叹李渔一生酷好荷花，"竟不得半亩方塘，为安身立命之地"，只好凿斗大一池，植数茎以塞责，因池水不时泄漏，经常望天乞水以救荷花。李渔的荷命，何其草率、勉强！

半亩方塘，田田莲叶，是李渔求而不得的夙愿；或斗大一池，或区区数缸，是大多数爱荷之人不得已草营荷命的权宜做法。而对清朝帝王来说，种荷的条件根本不成为问题。都城北京西郊的泉水从玉泉山流到紫禁城皇宫，沿途流经圆明园、清漪园、畅春园、金河、长河、紫竹院、积水潭、什刹海、北中南三海，最后从社稷坛南过天安门，向东向南流出。另一支从北海分出流入紫禁城的护城河及城内金水河。水面丰富，且都不深，均是种植荷花的绝佳之地。据史料记载，每年，由内务府经管并出租种荷的护城河水面就达二百八十八亩。地处西郊的皇家园林区大量种植荷花，据乾隆二十七年（1762年）内务府档案，当年在圆明园安澜园、清净地河

曲院风荷

泡,及北大墙外新挖之河泡内栽种藕秧,用量竟达五千五百二十五斤。这些数字只能令人感叹,清代君主的种荷与赏荷之好的耗费,较之常人,显然是呈几何倍数增长的。

西郊皇家园林之中,圆明园湖泊众多,水域占总面积的十分之四,适宜种荷。圆明园四十景中,濂溪乐处、曲院风荷和多稼如云的芰荷香都是赏荷佳处。宋代理学家周敦颐又被称为濂溪先生,乾隆帝"时披濂溪书,乐处惟自省",遂用以命名园中景观。在《濂溪乐处诗序》中,乾隆帝描述了此处荷花之盛:

苑中菡萏甚多，此处特甚。小殿数楹，流水周环于其下。每月凉暑夕，风爽秋初，净绿粉红，动香不已。想西湖十里，野水苍茫，无此端严清丽也。前后左右皆君子，洵可永日。

曲院风荷是模仿西湖十里荷花而建造的景观，位于后湖与福海之间，四面环水，静坐于曲廊之内，观赏荷花随风摇荡，在荷香水影之中，"避暑而暑为之退，纳凉而凉逐之生"（李渔）。芰荷香位于圆明园北部偏西，是多稼如云一景南端的前屋，"坡有桃，沼有池，虹梁云栋，巍若仙居"。三山五园，是清代皇帝在京城的避暑胜地；御园赏荷，则是酷暑夏日赏心悦目的独特享受。

不深不浅种荷花

荷花的种植，并非易事。清人阮元《吴兴杂诗》中有："交流四水抱城斜，散作千溪遍万家。深处种菱浅种稻，不深不浅种荷花。"说明种植荷花与水密切相关，要求水域不深不浅，以适度为原则。清人何绍基在诗中细数种荷不易："止缘池水剧深清，欲种荷花不易成。但得廉纤半宵雨，又添三日水车声。"因池水须半干方可种荷，一旦遇雨，就要连日用水车劳作淘净多余之水。据沈复《浮生六记》记载，用盆植荷花，需用河水浇灌，并在太阳下晒，如此方能"花发大如酒杯，叶缩如碗口，亭亭可爱"。另外，盆植荷花还要注意时令，清代园艺学家陈溟子在《花镜》中称："春分前种一日，花在茎上；春分后种一日，叶在花上；春分日种，则花叶两平。"颇为神奇。近人卢彬作《莳荷一得》，总结多年的种荷经验，认为："荷虽易生，但种不如法，则不易花。若钵莲则尤难养，以器小易干、肥多易腐也。"从萌发到开花、结实，涉及风水、时令，种荷一事，确实困难重重。

从清代档案史料，可以一窥皇家园林内的荷花生长及种植情况。惊蛰时节，藕种萌芽。清明节前后，京城市面上出现出售藕种的档口。从此时到谷雨之前，是园林内大规模补种藕秧之时。藕种萌芽，即为藕秧。所种藕秧，一部分源自园林内自产，但数量不多；绝大部分则由内务府在外采买。以乾隆二十七年（1762年）为例，因乾隆二十六年荷花生长状况不如人意，当年在圆明园特地补种藕秧，共用五千五百二十五斤，其中一千二十五斤采自熙春园河内，另外四千五百斤则是从外面市场采买而来。每千斤藕秧用银二十两，共计花费银九十两。又栽种藕匠工价银四两一钱五分八厘，两项共用银九十四两一钱五分八厘。这项花销在圆明园日常开销中应算比较小的。栽种过后的生长情况仍然令人忧心，这年谷雨前藕秧栽种完毕后，不知道是什么原因，荷苗萌出甚少。到七月，本为荷花发旺之际，但补充栽种了藕秧的清漪园、惠山园河泡内所出荷叶虽较前一年稍增，有花朵，但开花者不多。其余耕织图等五处，所长出的茎叶稀弱如前。圆明园安澜园、清净地二处河泡内所出荷叶虽亦稍增，却并未结花。北大墙外新挖河泡之内，所出荷苗过于微少。为此，负责管理的官员被分别议处，皇帝责令他们在明年谷雨前派员加意补种。因种植不力，难以观赏美景的情况也是有的。

为保证荷花长势，园林管理者也煞费苦心，除了补种藕秧外，有时还需要更换河泥。乾隆四十二年（1777年）九月，因芰荷香前水泡西边的荷花开花少，乾隆帝令步军在清挖河淤之时，将沙土挖出，加堆土山，换补水泡中的河泥。并在次年谷雨之前，栽种藕秧一千四百七十斤。本预计经此两项措施，当年荷花一定会长势良好。谁知，到七月间，所长荷花不但无几，竟有多半未萌出。为此，所花费银两被勒令追赔，主持官员如库掌钱保、委署苑副福新被罚俸六个月，主管官副都统和尔经额也因未能查处办理，疏于职守，被罚俸三个月。

赏荷不惬毕竟少见，御园之内，河水不深不浅，荷花盛放，令皇帝尽情赏花才是常例。乾隆帝在诗中这样写道："柳桥横界水东西，西浅东深致不齐。浅乃宜荷花正放，过桥似入绛云低。"

赏荷乾坤与家国天下

赏荷是风雅之事，一般的文人墨客种之赏之，至多留一段风流佳话，或多谱写一曲旖旎颂歌。清帝种荷、赏荷，事情就可大可小。往小里说，是帝王的个人事务和家庭事务；往大里说，则关系政务，事关天下。

对乾隆帝来说，荷花之爱是个人生活情趣的表现，也是孝敬母亲的方式。乾隆中叶，每当大暑前后，乾隆帝总是特地把母亲孝圣皇太后从畅春园接到圆明园茨荷香观赏荷花。乾隆十四年至三十六年间，邀皇太后同赏荷花共有20次之多。如乾隆二十一年（1756年）六月二十四日，弘历在九州清晏吃早膳后，乘轿到畅春园西北隅的闸口门迎候皇太后，然后一同乘船向北，进圆明园水闸门，至茨荷香观看荷花。弘历侍奉皇太后在这里进早膳之后，恭送皇太后仍回畅春园。《恭侍皇太后观荷》诗中，乾隆帝写道：

平湖香锦夏风吹，长日承欢此处宜。

已喜自天无暑气，可知随地有西池。
当前顿觉忘关塞，开后何须较疾迟。
莲叶莲花不如藕，爱他延寿缕丝丝。

赏荷以避暑，食藕寓长寿，确实是表达孝敬的良好方式。而吃莲子则有生活哲学蕴含其中，《食莲》诗写道：

平湖参错芙蓉紫，看罢莲花食莲子。
轻舟棹入碧洲湾，犹有新红才出水。
出水新红未吐花，晚风轻度香云霞。
几回流赏冷衣袂，盎秋消息知非赊。
笑对冰盘珠玉净，清芬恰与幽怀称。
莫教入口嫌苦心，从识生成有本性。

个人及家庭之外，陪同皇帝赏荷之人还有关系亲密的大臣。康熙帝在经筵日讲结束后同翰林张英、高士奇、励杜讷等一同到西苑太液池看荷，写诗记录其事："千队芙蓉太液池，迎薰初散讲筵时。螭头绝胜金莲烛，自有清香送晓飔。"乾隆皇帝也多次特允近支王公、大学士、翰苑诸臣与他一起到芰荷香赏荷。乾隆二十五年（1760年）六月底，弘历特例允许回部郡王霍集斯一起到芰荷香赏荷。霍集斯出身吐鲁番的维吾尔族贵族家庭，在清代平定准噶尔蒙古贵族和大小和卓叛乱、维护国家统一的大业中卓有功勋。他的画像作为五十功臣之首悬挂于紫光阁。乾隆帝为其题诗曰："奉元戎橛，擒达瓦齐；后稍观望，旋迎我师；同大军进，被围黑水；回部望族，居之京邸。"乾隆二十四年（1759年），霍集斯到北京朝觐，乾隆帝赐宅第，留居北京。乾隆帝特许他入圆明园，在菱荷香一同观赏荷花，既是对他个人贡献的肯定，也是对西北地区民族团结、政局稳定的期许。

荷花在密切君臣关系方面的作用不可小觑，在赐朝臣赏荷的同时，赐藕、赐莲蓬也是对朝臣优待的表示。得到赐物的臣下，感激涕零，怀恩思报。尤侗在《赐藕恭纪》诗中写道：

碧藕如船太液池，侍臣分赐折琼枝。
生成天上玲珑骨，拔出泥中冰雪姿。
蓬馆携来秋色里，草堂批向晚凉时。
君恩欲解相如渴，引起骚人万缕丝。

魏象枢不仅多次蒙康熙帝赐藕，还得赐莲蓬和菱角，其诗中云：

藕大如船出御河，童来水殿沐恩波。
虚中比德谁无愧，触类清心感更多。
菱角霜微真抱玉，莲房粉坠不依荷。
诗成未敢邀宸览，拜手惟书喜起歌。

皇帝身系家国天下，荷花自然也有袖里乾坤。在政治寓意方面，荷花也是祥瑞的一种，并蒂莲一直被认为是自然生成的吉祥之兆。天降祥瑞，一向被认为是政治清明、安居乐业的清平之世出现的标志。清代帝王之中，雍正帝追求祥瑞，一朝层出不穷，花样百出。雍正帝即位之初，急需祥瑞证明自己是真命天子，恰逢此时，内苑太液池于八月六日得并蒂嘉莲，遂为元年祥瑞。

此外，值得一提的是，种荷、赏荷的副产品，即京城各处荷花池租赁费以及皇家园林内所产莲藕变卖后的银两，还可以充实皇帝的荷包，是内务府很重要的一笔收入。比如，圆明园内所产莲藕的收入，是可以部分支付每年的园林维修费用的。

（作者单位：中国人民大学清史研究所）

隆冬京城话冰雪

阚红柳

时令已过三九,隆冬的北京仍处于贫雪状态。碧蓝的天空,萧瑟的树木,紫禁城的红墙黄瓦,玉泉山的琉璃宝塔,都少了雪后的姿容,清风袭来,仿佛在静静地抒发淡淡的遗憾。尤其是,当各地瑞雪普降,银装素裹的美景作为参照,不免勾起北京人对冰雪世界的无限憧憬与期待。

三百多年前,时值康熙皇帝统治的第十八年(1679年),年青的康熙帝也曾在冬日的北京城里殷切望雪,而这一年的北京,三冬无雪,雪花直至新春将至方飘洒而下。为此,康熙皇帝感慨赋诗:"三冬望雪意殷殷,积素春来乱玉纹。农事东畴堪播植,勤民方不愧为君。"在中国传统文化中,冰雪富有深厚内涵和意蕴。就基本层面来说,冬雪和春雪均于农耕有利,瑞雪与丰年相关联,是农业社会祈福活动的一大主题。康熙帝望雪殷殷,勤恤民隐,体察民情,反映出一代圣主明君的务实精神。"瑞雪兆丰年"作为共同的期盼,不仅

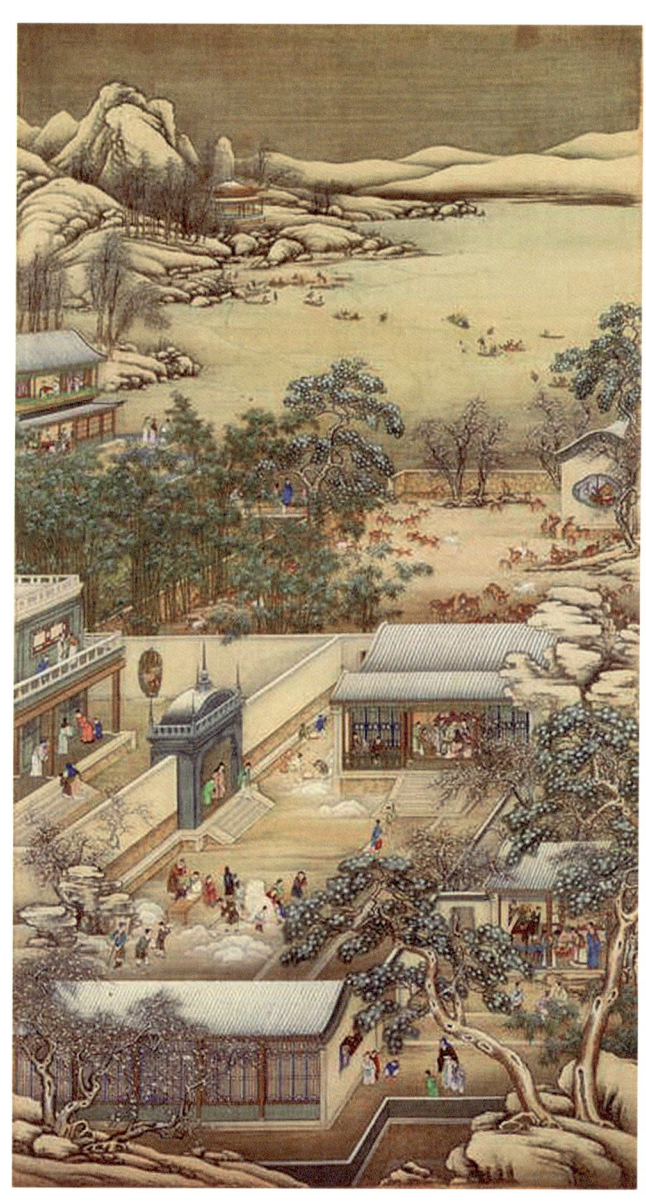

腊月赏雪图

隆冬京城话冰雪

一再入诗，入画更佳。清人萧晨就以画雪而著称，所画《丰年瑞雪图》（现藏台北故宫博物院）为名人雅士所推重。

雪花本含有吉祥之意，故名瑞花。唐人许浑在诗中吟唱："瑞花琼树合，仙草玉苗深。"而"瑞花"则成为深受中国人喜爱的传统装饰纹样。此类纹样是由放射对称形雪花变化而来，融进了花瓣、叶片等自然物形象的某些特征，多用于织锦。北京故宫博物院藏清加金六出如意瑞花重锦，以片金和朱红、粉红、水粉色纬丝织出六角星形为基本骨架，在六角星形的正中填以雪花和牡丹花的变形图案。雪花寓丰获，牡丹寓富贵长寿，祈福特征双重凸显。雪花纹、雪凌梅花纹等广泛用于民间，如木雕门窗的棂饰、窗棂之上，片片雪花连通交错，其图案寓意片片相连、连绵不绝之意，普通百姓之家用之以祈祷祥瑞。智慧超群的古人将自然与人文两相结合，创造出各种充满人间烟火味而又巧夺天工的艺术、文化精品，并将其置于生活之中，容纳于民族气质之内，进而内化为中华传统文化的精髓。

中国人对冰雪的喜爱是物质的，也是精神的，冰雪的洁白与晶莹往往被喻以为人的节操。唐人高适诗中有"奈何冰雪操，尚与蒿莱群"之句，比喻人的节操之清白如冰雪一般。宋人文天祥《正气歌》则吟唱："或为辽东帽，清操厉冰雪。"冰雪与冰霜在清代是品格与节操的标志，清代君主奖掖臣僚，往往称赞他们"矢志冰霜"。冰雪，也是居官廉洁的象征。康熙皇帝曾在京城西郊的畅春园，御书"怀冰雪"三个大字制成匾额，赐给时任都察院左都御史的张鹏翮，并命礼部尚书张英传旨颁赐，以表彰张鹏翮居官廉洁。

冰雪之美为古人的各项文化活动提供了素材，拥炉赏雪、品茗赏雪、扫雪烹茶、踏雪寻梅、对雪吟诗等成为文人墨客重要的文化活动。《红楼梦》中有由海棠诗社在芦雪庭举行围炉即景联句活动，芦雪亭外是晶莹的冰雪世界，芦雪亭内是温暖如春的诗文天地，红楼儿女互相打趣说笑，以诗会友，气氛热烈，大观园里岁月静好。吟诗，是极具风雅的赏雪活动。北京赏雪，尤以西山为胜。据《长安游记》记载："西山，神京右臂，亦名小清凉。诸兰若白塔与山限，青霭相间，疏泉满道，或注荒池，或伏草径，或散漫尘沙间。春夏之交，晴云碧树，花香鸟声。秋则乱叶飘丹，冬则积雪凝素，信足赏心，而雪景尤胜。"与西山相连，位居北京西郊的三山五园（指畅春园、圆明园、万寿山清漪园、玉泉山静明园和香山静宜园）皇家园林区则拥有独特的御园雪景。御园赏雪曾是清代皇帝独有的人文享受，在康熙皇帝笔下，"细玉轻盈下碧霄，和烟飞霰上寒条。片才落地溅溅湿，罗绮花纹处处飘"，谁能想到，治国理政的雄才大略与细致敏锐的观察和体验竟能融于一身。雍正帝的咏雪诗似乎有一丝丝归去来兮的隐士意味：

　　谁把冰绡细剪裁，絮飘轩槛粉铺苔。
　　千山种遍峰峰玉，九陌开齐树树梅。
　　鹤氅离披驴背咏，渔蓑冷淡鸭头回。
　　骖鸾拟赴瑶池宴，飞舞琼花入酒杯。

清代君主之中，最痴迷写诗的当属乾隆皇帝。雪花飘落御园，他吟诗："飘遥柳岸飞轻絮，点缀梅村剪薄纨。最是上林饶景色，小春时节玉花攒。"他为晨雪吟咏："晓寒凝雪舞长空，融地原如落雨同。缀树冰花留片刻，讶看梅蕊绽东风。"在颐和园玉澜堂看雪，他题诗一首：

崇庆皇太后万寿庆典图（局部）

题玉澜堂

堂陛俯平湖，春冰雪满铺。
迷离同一色，茗邈泯方隅。
绝胜縠还绮，群栖雁与凫。
静看坚白里，澜意讵宁无？

驻跸御园，远望西山积雪，乾隆帝写道："天然图画开屏障，琼树瑶葩不识名。记得河阳生动笔，直教人在座中行。"康雍乾时期，是清王朝走向鼎盛的重要时段，三代君主联合将清代皇家园林的建造推向高潮，臻于顶峰。御园赏雪的宁静、安适与从容，正是时代的真实写照。

三山五园，也为部分因侍直、陛辞、引见、恩赏等政务活动而有机会进入御园的清代士大夫赏雪、咏雪提供了条件。查慎行的诗歌描写了雪后畅春园的景观："西山带雪高，寒光际青天。晨曦照积素，万木中含烟。"王拯的诗句描绘清漪园（今颐和园）雪景："一冬浑未雪，春半忽飞霙。豹尾人披絮，螭头树琢琼。楼台金碧影，池馆水云情。若许东风便，应须上玉京。"岁月流转，"旧时王谢堂前燕，飞入寻常百姓家"，几经沧桑，昔日皇家御苑早已成为京城百姓共享的公共空间，京城百姓可随时饱览三山五园的四时风光。御园赏雪景，共盼风雪至，实质上寄寓了普通大众对美的追求，对美好生活的向往。

尽管京城居民同心盼雪，但大家都知道，雪后京城交通堪忧，路滑难行，状况百出。赏雪玩雪固是美事，但雪后确实有不少乱摊子需要收拾。这种情况其实在清代也是如此，甚至因技术条件所限，愈显严重。举个例子来说，从紫禁城到圆明园，因皇帝常来常往，修有御道，路况在当时应算较好。出西直门后，御道以大石板为材料，铺石为路，干净而不泥泞。平时乘车、坐轿、骑马行走御道，平稳便捷。但遇有雨雪天，石路湿滑，交通则格外不便。咸丰十年（1860年）二月廿八日，咸丰皇帝值雪后祭祀日坛，礼成之后，銮驾不走西直门御道，而是入朝阳门，出安定门，由土道返回圆明园。可见，皇帝雪后出行，也是颇有一番辛苦的。

冰雪，不仅是宁谧自然界的静态风光，因人的参与，会焕发勃勃生机与活力，呈现动感。冰雪运动，在中国有悠久的渊源，其中最具特色的当属"冰嬉"。冰嬉，又称"冰戏"，晚清时期又改称为"冰技"，是指溜冰和在冰上做各种杂戏等冰上运动。宋代即盛行，清代有了很大发展。建立清朝政权的满族生活于东北的白山黑水之间，冬长夏短，气候寒冷，他们惯于与冰雪为伍，也深深地喜爱冰雪世界，甚至以冰上运动为本族习俗。冰雪在阳光下闪闪发亮，被满族统治者用以比喻八旗士卒盔明甲亮，斗志高昂。在清代实录中常见"盔甲鲜明，如三冬冰雪""盔甲明如冰雪""甲胄光芒，耀如冰雪"等表述。而八旗将士英勇善战，其中一大表现就是擅长冰上活动，据《清语择钞》中记载，努尔哈赤率部远征巴尔特虎部落时，"时有弗古烈者，所部兵皆着乌拉滑子，善冰行……一夜行七百里"。冰上行走迅捷稳健，而冬季河流结冰又会天然形成"冰桥"，令八旗部队如虎添翼。在明清之际的战争中，气候与冰上运动的习俗成为关外满族制胜的一大关键。入关定鼎之后，清代帝王高度重视冰嬉运动，清廷规定关外士卒，冬季结冰后练习溜冰，既锻炼身体，同时又是军事演练的重要形式。至乾隆朝，又规定，每年于太液池（今北海）举行规模盛大的冰上活动，校阅八旗兵。据《日下旧闻考》记载："太液池冬月表演冰嬉，习劳行赏，以阅武事，而修国俗。"太液陈冰嬉，于是由满族国俗而演变为军事大典，既是传承和发扬满族文化传统的举措，也是乾隆王朝综合实力达到顶峰的重要标志。时人称"春耕耤以劳农，冬冰嬉而阅伍"，冰嬉大典此后成为清代君主冬日里举行的重要政务活动。

《清朝文献通考》有对检阅冰嬉的准备工作的具体记载："每岁十月，咨取八旗及前锋统领、护军统领等处，每旗规定各挑选善走冰者二百名，内务部预备冰鞋、行头、弓箭、球架等项。至冬至后驾幸瀛台等处，陈设冰嬉、较射（既可用手掷球，又可用足踢球）、天球等伎。"又载："射球兵丁一百六十名、幼童四十名，俱服马褂、背小旗，按八旗名式以次走冰，较射。"由史料可见，冰嬉的训练从每年的十月即开展，到冬至后正式举行，参加冰嬉的八旗兵丁每旗选二百名，整体规模达到五千余名，而观看冰嬉的观众则更为众多。北京故宫博物院藏有作于乾隆时代的《冰嬉图》，描绘了乾隆帝于北京北海观赏冰嬉之情景,场面非常壮观。参演的兵丁分为两队,翼形排列,每翼设有头目12人,着红、黄马褂,士兵全穿红、黄齐肩马褂,按八旗的顺序,成单行在1米多宽的冰道上滑行,兵卒之间的前后距离大致相等,故人数虽多,而队形不乱。在滑行中还要做出各种动作,如燕子戏水、凤凰展翅、金鸡独立、果老骑驴(倒滑)等等,千姿百态,各显神通。皇帝观看冰嬉表演从阴历十二月初一日开始,按旗分日检阅,直至全部检阅完毕方告结束。冰嬉,是清代君主对八旗部队的检阅,也是犒赏。检阅后皇帝还要恩赐银两,头等3名,赏银10两;二等3名,赏银8两;三等3名,赏银6两。其余参加表演的兵丁均赏银4两。

除了习劳行赏的军事赏赉目的之外,冰嬉还是清代君主尊经重礼,提倡孝事父母,施行仁政,主张与民同乐的实际反映。每年腊八节,乾隆帝会亲奉皇太后观看冰嬉。冰嬉表演期间,在京的大臣与来朝的使臣也有机会一同观看。安徽桐城杨米人留居北京时写下《都门竹枝词》:"金鳌玉𫞩画图开,猎猎风声卷地回。冻合琉璃明似镜,万人围看跑冰来。"反映出冰嬉大典举行时的盛况。冰嬉作为一种冰上运动,在清代已经可以达到万人同看,共享升平的社会效果,堪称古代中国极具社会影响力的有组织、有规模的体育运动。

自乾隆朝冰嬉正式列为制度以后,嘉庆、道光、咸丰朝,冰嬉都作为重要的赏赉活动,载入实录。但四朝并非每年都举办冰嬉,特殊情况下也有例外。比如道光四年(1824年)十一月,因该年冬令天气较暖,西苑冰冻未坚,道光帝下令停止阅看冰嬉,但对预备冰嬉的兵丁仍行减半赏赉。同治朝以后,国力衰颓,冰嬉大典也在实录记述中不复出现。清末诗人宝廷写道:"忽忆当初全盛时,冬宫春园岁迁移。隆冬雪霁每巡幸，液池冻合呈冰嬉。"清帝冬驻紫禁城，春移圆明园，与巡幸和冰嬉一起，都是盛清时代的写照，而在宝廷所生活的晚清时代，鼎盛已成过去，徒留回忆与怅惘。

清代北京民间冰嬉活动亦很盛行。每到冬季，"都人于各城外护城河下，群聚滑擦"。冰上运动形式丰富，滑冰姿势名目繁多，如"哪吒探海""燕子戏水""凤凰展翅""金鸡独立""童子拜佛"等等。清代还有冰球运动，亦称"冰上蹴鞠"。据《帝京岁时纪胜》载："金海冰上作蹙鞠之戏，每队数十人，各有统领，分位而立，以革为球，掷于空中，俟其将坠，群起而争之，以得者为胜。或此队之人将得，则彼队之人蹴之令远，欢腾驰逐，以便捷勇敢为能。"清人宝廷在《偶斋诗草》中描写了京都民间滑冰的场景，把滑冰者动作神态描绘为"左足未往右足进，指前踵后相送迎""铁若剑脊冰若镜，以履踏剑摩镜行"等，写得非常逼真、生动。

京城北京，雪未至，而冰已坚，什刹海、颐和园、圆明园等已开设多处冰场，在各种冰上运动的欢乐气氛中，让我们一起期待京城飘雪，一起品味传统冰雪文化与当代的交融。

（作者单位：中国人民大学清史研究所）

"下园"杂说

阚红柳

"下园"也称"下园子",意为自紫禁城赴圆明园,是流行于嘉庆、道光、咸丰间的习用说法。清代自雍正朝至咸丰十年(1860年)之前,君主常驻圆明园,园居而理政,政务活动照常运行不辍,京城西北郊的皇家园林——圆明园遂成为紫禁城之外的又一政治中心。受此影响,朝臣也需从城内随侍皇帝到城外的圆明园帮助处理政务,上至帝王、下至朝臣的这一行为往往被简称为"下园"。

下园乃日常

"下园"一词的官方记述,始见于《清仁宗实录》,嘉庆二十三年(1818年)正月,嘉庆帝下达谕旨给内阁:"朕本日自圆明园进宫,在倚虹堂传膳,闻迤北有点放爆竹之声,迨进西安门至玉河桥,又闻东北有点放爆竹之声,均相距甚近。前曾屡经降旨,令步军统领等严行申禁，凡遇朕进宫下园及临幸经由之处，附近铺户居民概不准放爆竹。俟朕经过后方准点放。"嘉庆帝正月从圆明园返回紫禁城，要求沿途禁止燃放爆竹，并在官方的谕旨之中将赴圆明园称为"下园"，这是将清代帝王行幸圆明园的简化说法，此前的清代文献中常见用法为"帝幸圆明园"。自嘉庆以后，"下园"就成为君主和大臣惯常使用的习语。

据专家统计，康熙帝自康熙二十六年（1687年）二月以后，年年到畅春园，年均园居时间达150天。雍正之后，清帝园居主要在圆明园。雍正帝自雍正三年（1725年）八月居园理政，年均驻园210余天；乾隆帝年均驻园120余天；嘉庆帝年均驻园160余天；道光帝年均驻园260余天；咸丰帝年均驻园210余天。这些统计数字反映了清帝在西郊园居时间，园居而不废政务，圆明园自然成为清代官员常往来之地。

皇家御园远在紫禁城外西北郊的海淀，为求方便，清代君主在御园周围大量兴建官房，赐给有需要的宠臣使用，王公贵戚多享有附近的赐园，不少陪同侍从之臣则在御园周围营建居所，更有朝臣除了自有或租用城内宅第外，在海淀另外赁舍而居，以求便利。当然，后者需要一定经济基础，至少家用宽裕。京城居，大不易，大部分官员经济窘迫、拮据，是没有能力负担城内和御园周围两处房屋的，于是，遇有公务，就需要"下园"。

应该承认，为方便朝臣"下园"，清帝还是相应采取了一些措施。比如，雍正三年（1725年），雍正帝下达谕旨说："凡来圆明园奏事之大臣官员等不必太早。今见大臣等务皆早到，如在南城居住人员，必得五鼓前来。其年老有疾之人，必受寒冷。尔等效力惟在实心办事，似此奔走，并无关系。若侍卫、及职司看守人等则不得不然，盖以伊等之专职也。尔等若不尽心于职务，虽经年如此奔走，何益之有？嗣后尔等咸遵朕旨，毋得有违。虽稍迟误，或一二人不到，亦无妨碍，并不致有误事之处也。"雍正帝体恤大臣们来往辛苦，安抚大家只要勤于职守，尽心办事，不必务求早到，以免受寒致病。乾隆三十一年（1766年），清帝特许会试后的拣选引见在宫内进行，以便节省士子们赴圆明园车马往来之费。"下园"，对朝臣和士子们而言，确实是要多一些辛苦，多不少支出。

风雨下园路

翁心存（1791—1862）在清廷为官近四十年，大部分时间在京城活动。所撰日记二十七册，记事起于道光五年（1825年），止于同治元年（1862年），其中有不少与"下园"活动相关。据翁心存所撰《日记》，赴圆明园值班当日，丑正（即凌晨两点）下园为常态。他常常"丑正起下园待漏"，有时《日记》记述的时间会更为具体："是日本衙门值日，丑初二刻起，丑正下园，寅初二刻抵园。"当然需要更早出发的情况，如二月十日，"天明时微雪，须臾大风从北来，即晴，风暴甚，扬沙蔽天，终日不息。子初二刻即起，子正即下园销假，待漏于翰林朝房"。天气不好，加之身体痊愈，心情振奋，翁心存子正提早出行。操心事务，心绪不宁，情绪激动，也会令动身时间提前，"六月廿六日，晴热。是日值日，余起过早，到园时天仅微明耳"。从城内到圆明园路途所用时间基本可控制在一个时辰多一些，如能在一个时辰内到达，已属不易。

遇风雨阻路，也有例外。咸丰八年（1858年）四月五日风雨交加，"丑正起，寅初一刻下园，行至东安，冒风雨前进，行甚彳亍，卯正乃到园，凡十一刻"。九月十二日整夜小雨，天明后未止，到十四日下园，"路犹泥淖，出土城关后大雾迷漫，到园已卯正二刻矣（凡十一刻）"。途遇特殊情况，也会导致延迟，道光十七年三月十日，翁心存"辰初一刻下园，备园内或传入直也。辰正一刻至西直门，值驾还园初过，因按辔缓行，巳初三刻到澄怀南垞"。这次"下园"途中遇到皇帝銮驾，他只能静候缓行，幸亏不是正式值班，而是预备侍直，不赶时间，但为此较往日路途所用时间增多则是必然的。

圆明园距城内路途较为遥远，耗时耗力，并且一年四季下园路，朝臣难免经历风霜雨雪之苦。北京春季多风，遇到大风天气，"尘沙蓬勃"，甚至"大风竟日"的情况也在所难免。夏季则多雨，冒雨"下园"，则路途泥泞难行。入秋下园，"月华如水，凉露沾衣"；立冬以后，则"严寒被途，景色凄冷"，既要忍耐严寒侵体，还要对风雪天气有充分准备。曾国藩在日记中曾记载："三更下园，在翰林朝房久坐。黎明，在贤良门外桥南，三跪九叩。是早，雪深盈尺，北风甚劲。"翁心存也有"冒风下园，风吹舆欲倒，手足皆冻僵"的经历。

大体来说，从城内到圆明园的道路，因皇帝常来常往，修有御道，路况应算较好。出西直门行为御道，铺石为路，干净而不泥泞，但乘车而往，难免颠簸，而且遇雪后石路会较滑，遇到不良天气，则更加剧"下园"的艰难。翁心存虽然路遇过险情，但好在平安无事，也有运气不好，在下园途中遇到危难的例子。乾隆十三年（1749年），礼部侍郎齐召南从圆明园下直骑马返回澄怀园，途中坠马破脑，脑浆流溢，奄奄一息，乾隆帝委派蒙医救治，蒙医采用土方，用新鲜牛脑敷在头骨破裂处，数月后方告痊愈。齐召南本以博闻强记著称，"读书一过即终身不忘，目力绝人，能二十里辨色红紫",此后"神智顿衰,读书越日即忘"。姚元之的《竹叶亭杂记》记有一则下园途中的交通事故。张星在工部任职时,一日赴圆明园处理公务,途中车翻,张本人未受伤,车夫却为车轮碾压,伤势危重。清代道路状况本就一般,加之自然界的风霜雨雪,朝臣"下园",充满了坎坷,饱尝辛苦,也隐藏着危险。

争先欲下园

凌晨起身,牺牲休息时间,一路披风霜沐雨雪,辛苦万状,这样的"下园",实在是很艰苦。但令人诧异的是,清代朝臣鲜有对此牢骚满腹,多加抱怨者,甚至,衙署之中,争先"下园"反为常态。据《翁心存日记》记载:道光十五年(1835年)六月十七日,翁心存任职的国子监有内部的官员考试,翁本以为考试在即,堂官更愿意留在城内官署温习业务,不愿"下园",本着同僚之间互帮互助的忠义之道,他主动提出愿代替同僚"下园",结果得到的反馈结果是善意未被接受,"各堂皆欲下园"。龚自珍也发现,"至于本部赴圆明园直日,是日也,四司不闻一马嘶,不见一皂隶迹矣"。朝臣争先下园,原因何在?

"下园"路上景色怡人,可以尽享四时风光。在《翁心存日记》中,记述了"下园"路上的各种自然美景。六月清晨,雨后雾气蒸腾,"湿云蓬蓬出山如釜上气","新霁之后,凉气袭人,颇爽,高柳蝉鸣,野塘蛙噪,黍稷茂盛,芃芃可观。到海淀,纤纤一钩,已吐云际矣"。圆明园附近的值庐气象万千,阳春三月,"薄暮登屋外土山,凝眺西山晻霭,一抹烟痕,御宿繁花明如锦绣,垂杨万树,已跐柔丝,乐泉西舫旧寓墙内山桃红然烂漫矣。池水前数日因放闸去半尺许,今日始渐长。夜,纤月娟娟挂林表,景甚幽秀,南垞水气上蒸,潮湿殊甚,蛰虫缘墙跂跂脉脉矣"。

除了路上所能观赏到的美景之外,还有圆明园以及周围其他御苑的园林风光,西山一代的自然美景。下园,可以就便四处观赏。道光二十一年(1841年)闰三月初七日,曾国藩在日记中记载了随父至圆明园的游览体验:"早起,在园子看虎城。饭后走清漪园、万岁山、吉龙樽、玉泉山,回至罗角子桥,各处游观。旋归,入城,申刻到家。"像曾国藩这样,利用下园之便,登山揽胜、泛湖赏景的清人不在少数。

美景固然足以娱人,而有机会与君主会面,亲聆宸训则更为重要。在圆明园内的君臣会面,因地点的改变淡化了正式和严肃的官方色彩,令君臣关系更为亲近。道光十五年(1835年)三月二十五日,翁心存入园值班,得到道光皇帝亲自召见,皇帝问"汝家有会试者否",回答说"臣有长子典试","复蒙详询年岁、科分及上科曾否呈荐,并问现有几子,当即伏地碰头,一一具奏,天颜温霁,褒奖有加,真异数也"。皇帝甚至会与朝臣闲聊家中状况,这种与君主当面亲近的机会是非常难得的,自然备受群臣珍视。

除此之外,"下园"是朝臣社会交往的重要途径。沈德潜曾感慨,"皇居迩西山,从臣宇鳞次",因各种原因居住在圆明园附近的达官显贵人数颇多,故而,"下园"也是朝臣结交、拜会、访友、联谊的必经之途。访问师友、集体会餐、小酌畅谈、结伴游览等活动也往往在圆明园退直后就近就便进行。"下园",堪称清代朝臣社会交往之捷径。这种争先下园的状况,也就不难理解。

(作者单位:中国人民大学清史研究所)

灵囿驯鹿不为赏

何　瑜
马维熙

十年前，曾同友人游览避暑山庄，见鹿只漫步林间与人亲昵，十分惊喜。前不久，故宫博物院请来了几只梅花鹿，做客御花园，不禁想聊聊清代皇家与鹿的故事。

示戎示检：清朝鹿椅传家法

我国是世界鹿类动物的主要发源地，其中梅花鹿、麋鹿、水鹿、马鹿、白唇鹿，以及麝、獐、麂等产地皆在中国，而且我们祖先养鹿的历史也非常悠久。早在商时纣王即筑有鹿台，放养鹿只作为观赏狩猎之用；周文王亦曾在今陕西户县筑有灵囿，《诗·大雅·灵台》载："王有灵囿，麀鹿濯濯。"其百里园中林木繁多，鹿群出没。因为鹿、禄谐音，后来人们为祈求高官厚禄，以有鹿为吉兆。又因鹿有通灵之气，故隋唐以后历代统治者往往用其作为祭祀品，

三山五园掌故

112

颐和园铜鹿

如唐代州县祭社稷、先圣，释奠于先师，即笾以鹿脯，豆以鹿醢。到明朝，大祀的主要祭品仍是鹿脯、鹿醢、鹿臡等物。

历史发展到清代，由于满族先民对鹿的原始崇拜，认为鹿作为风雨之神和上天的使者能够通天，故每次出猎前都会聚在一起跳萨满鹿神舞，以祈求出猎吉祥。此外，满族的某些氏族供奉鹿神、祭祀时，萨满神帽上插鹿角，以象征鹿神。鹿在宗教中的这种象征意义，使清代的鹿文化和鹿祭制度，达到了封建社会的最高潮。

在故宫博物院院藏的瑞鹿文物特展中，最引人注目的是两把用鹿角制成的鹿角椅。入门迎面，以鹿角装饰的鹿角椅，布展者没有标注该椅的出处。经考证，这是一把康熙皇帝的鹿制御椅。椅背上的御制诗是乾隆二十八年（1763年）六月，乾隆帝在避暑山庄所作的《恭咏皇祖鹿角椅》。而在此前一年的万寿节（农历八月十三）前夕，乾隆帝在避暑山庄也谕命给自己做一把鹿角椅，并咏诗曰："猎获八叉角，良工制椅能。由来无弃物，可以备时乘。讵是仙都遗，从思家法承。"

原来，早在太宗皇太极时清廷即制有鹿角椅，乾隆帝有诗赞曰："诘戎不废猎，得鹿角成斯。武示俭兼示，坐宜携复宜。"意思是说讲武骑射系祖宗家法，用鹿角制椅是不忘先人创业之难，不忘满洲淳朴之风。所以他在诗中解释说："盛京贮有太宗时鹿角椅，山庄有圣祖时鹿角椅，今命制此，亦肯构之意也。"肯构，在这里是继承前人的意思。如果我们再联系让乾隆帝敬爱不已的皇后富察氏，一向"恭俭，平居以通草绒花为饰，不御珠翠""以鹿羔毧绒制为荷包进上，仿先世关外旧制，示不忘本"，由此可知，到康乾时代，满族统治者已把先人的鹿文化上升到治国安邦的高度了。

展厅中展示的另一把鹿角椅，初步考证是乾隆三十年（1765年）

九月，乾隆帝在木兰行围中所使用的鹿角椅，与前述谕制的八叉角鹿制椅有所不同。另外，根据伪满洲国时日本人拍摄的沈阳清宁宫的照片来看，有清一代的宫廷鹿角椅应不少于五把。

鹿祭鹿赏：上祀神灵下赐"禄"

中国自古以来就有"国之大事，在祀与戎"的说法。少数民族出身的清朝统治者也非常重视祭祀一事。故从清初就定制，凡祭分三等：圜丘、方泽、祈谷、太庙、社稷为大祀；朝日、夕月、历代帝王、先师、先农等为中祀；先医等庙，贤良、昭忠等祠为群祀。在上述三种不同规格的祭祀中，皆以活鹿鹿羔作为祭祀品，以表达对上天的诚意。据史料记载：乾隆三十一年（1766年）一年中，清廷的各种祭祀活动就用了活鹿39只。除此之外，祭祀中还使用鹿脯、鹿醢、鹿肉等大量的鹿祭品。除了国家祭祀，清廷日常频繁的家祭也少不了鹿类的祭品。另外，养鹿用鹿在皇亲国戚、达官贵人的生活中也多有反映。如《红楼梦》里，黑山村庄头乌进孝进宁国府缴租时，就缴有各种野味，其中包括大鹿30只、鹿筋20斤、鹿舌50条，还有供贾府老爷公子、夫人小姐们观赏的活鹿4只。所以，有清一代不仅皇家园林里大量饲养鹿群，一般王公贵族府中也有驯养梅花鹿的。至于清代紫禁城御花园里有没有鹿苑饲养梅花鹿，史料中尚未发现记载。民国初年，逊帝溥仪妃子文绣在御花园里所见"奄奄待毙"的鹿，那已是1923年或1924年的事情了。

除上述清廷祭祀和生活消费外，清代还有赏赐鹿肉的制度："直省文武大臣年终赏'福'字时，并赏鹿肉，以寓福禄之义。"除赏赐在外文武大员外，在京文武大臣亦有年例之赏，可获得鹿肉之赐。如史料记载："除夕前三日，内廷日值诸臣人赐全鹿一只、风羊二只、兔八只、野鸡八只、鹿尾四枚、关东大鱼八尾、黄封酒二坛，此年例也。"甚至一些宫女年终时也会分到相关的肉食。但到清朝后期，随着国势衰落，围场鹿只减少，年例的鹿肉赏赐也就停止了。

丰茸丰草：皇家园囿驯鹿坡

清朝每年需要如此多的鹿只，主要是从哪里来的呢？一是围场捕猎，二是皇家园林饲养。清朝统治者一贯重视"清语骑射"。当时著名的三大围场有盛京围场、南苑围场和承德的木兰围场，"岁时秋狝，肄武习劳"。木兰是满语，意为"哨鹿"。每当清帝狩猎时，侍从们便身披鹿衣，头顶假鹿头，吹起木制长哨，模仿牡鹿的声音，待牡鹿靠近时予以捕捉。康熙帝曾详记他于木兰秋狝中所获的各种猎物，其中兔子最多，第二就是鹿，"哨获之鹿凡数百"，此外还有虎、豹、熊、狼、野猪等。有一次，康熙帝一天即获大鹿十一只，道："朕从来哨鹿行围，多所杀获，何神奇之有？"

上述三大围场均有为清廷和皇室贵族提供各种鹿类品的义务。顺治初年规定，清廷祭祀用鹿由盛京办送，发牺牲所饲牧。康熙十四年（1675年），又规定当祭祀鹿只短缺时可取用于南苑。乾隆二年（1737年），因南苑鹿只不敷取用，仍令盛京办送。乾隆二十八年（1763年），乾隆帝命"盛京将军每年交鹿七百八十只，麕二百（一）十只，鹿尾二千个，鹿舌二千个"，以及鹿筋一百斤，鹿肠等无定额。就连盛京将军和盛京内务府佐领给清帝请安，也要交鹿。而且每年还须进贡鹿羔六十只，派围场官兵捕捉，如不足数，"则于次年补进"。这种鹿供制度直到清末时依然不废，即使战争期间也必须执行。如第一次鸦片战争期间，道光帝就命：南苑恭备祭祀鹿只不敷应用，所有马兰镇应交小鹿六十只，着该总兵照例于明年秋间送交该衙门。并着于六七月间先行添交三十只，以备祭祀之用。

由于清代祭祀需用的活鹿较多，乾隆帝继位以后便将原来由掌管宗庙祭祀事务的太常寺喂养鹿只，改为盛京围场和木兰围场等地捕获生鹿、鹿羔等，交由内务府送香山静宜园和避暑山庄两地喂养。遇祭祀需用时，再提前告知内务府取用。而在皇家园林喂养期间，这些活泼可爱的鹿群，也就成为了一道美丽怡人的风景。

乾隆时期，喜欢梅花鹿的乾隆皇帝分别在承德避暑山庄和香山静宜园建有驯鹿坡，山庄的驯鹿坡上还建有望鹿亭，其曾作诗曰：

驯鹿亲人似海鸥，丰茸丰草恣呦呦。
灵台曾被文王顾，例视宁同塞上麀。

灵台，即上文说的灵囿；麀指母鹿，意为文王亲临鹿苑，母鹿温驯伏地，恭敬驾临。香山驯鹿坡为静宜园二十八景之一，位于"青未了"西南山坡，山坡处建有奔鹿园。乾隆十一年（1746年），乾隆帝写了一首《驯鹿坡》诗，他在序言中讲道："东海有使鹿之部，产驯鹿，胜负戴（载），被鞍服箱，兼牛马之用，而性尤驯扰。用则呼之使前，用毕散走山泽……"字里行间流露出乾隆皇帝对鹿的喜爱之情。

（作者单位：中国人民大学清史研究所）

稻香十里听秧歌

廖菊栋

京西稻田风光，数百年来一直是西郊的著名风物，也是海淀地区标志性的景观之一。历经明清两代，京西稻田一景都得以保存。明朝晚期，京城市民到海淀踏青、嬉水，观赏荷塘、稻田，已成为民俗。清代在海淀修建皇家园林，但围绕在园林周围的稻田景观仍然保留，并且稻田面积还不断地扩大。稻田原本只为耕种收获，只是因为离京城较近，成为市井中人欣赏田园风光的胜地。然而这一胜景并不仅仅有水稻作物和稻田，还有水泉流动、荷菱飘香，更有农人们在其中劳作、辍耕时的秧歌对答，这才形成一幅完整的有生命力的田园画卷。

说起"京西稻田"，北京城位于中国北方，在明清两朝作为首善之地，为什么会与稻田这一充满江南田园风光的景色有联系呢？从地理环境考察，北京西郊有丰富的水资源。七千多年前，古永定河曾经流经此处，后来南迁后，仍留下沼泽低洼地形。之后这带的水系以玉泉山水和万泉河为主要两条活水水道。玉泉山上有山泉汇流到山下的平原，东流至瓮山泊（又称西湖、昆明湖），后被颐和园、圆明园等园林建造者巧妙地引入各大小湖泊和水道中，最后流入清河。万泉河水起源于万泉庄，这里有泉水喷涌，据称有二十八个泉眼，乾隆特意在此建造泉宗庙，并撰《万泉庄记》《泉宗庙记》两篇文章，特意说明此处泉水乃自地底涌出，自成体系，并非之前大众误解的玉泉山水云云。万泉河水北流经过巴沟、丹棱沜、畅春园、蔚秀园等地，最后亦汇入清河。由此可知，西郊海淀一带自古以来一直是有大片的湿地和大小湖泊，"海淀"的地名应该是由此而来。海淀地区种植稻米的传统由来已久，明朝开始有大量的记载，比如蒋一葵《长安客话》记载万历年间北京西郊农业种植情况："近为南人兴水田之利，尽决诸洼，筑堤列窖，为畲为畬，菱芡莲菰，靡不毕备，竹篱傍水，家鹜睡波，宛然江南风气。"可见此时期，这一片湿地已修筑水利沟渠，精耕细作，同时还间种莲藕、菱角等水生植物，已经形成一定规模的稻田。因此时人有诗云："玉泉东汇浸平沙，八月芙蕖尚有花。……堤下连云秔稻熟，江南风物未宜夸。"正是描绘玉泉山水东流给这一地区带来一片江南水乡的景色。

入清之后，京西稻田经历战乱之后，就又逐渐恢复耕种。清初期的康熙、雍正、乾隆几位皇帝，对于京西稻田一直尤为重视，显然也认同京西稻田的景观意义。康熙朝开始在西郊营建皇家园林畅春园，正在京西稻田所处地区之中。畅春园附近六郎庄、青龙桥、海淀一带皆有稻田。畅春园内也应景地设计了几块稻田，例如园内的无逸斋北角门外，有菜园数十亩，稻田数顷。乾隆在畅春园南建造泉宗庙，庙中有枢光阁一座，内供真武像、龙王、龙母神像，其主旨是为了祈祷"永灌注之利，无旱暵之虞，重农兴穑"。"重农兴稼"也正是皇帝要通过重视京西稻田来向臣民表现自己重农事的象征意义。康熙五十三年（1714年），内务府设稻田厂管理这一带稻田事务，官署在青龙桥南，又在功德寺、六郎庄两处分设官场管理。到乾隆时期，稻田厂管辖着"玉泉山官种稻田十五顷九十余亩"（《日下旧闻考》卷七一）。之后，为了种好水稻，还从江浙两省"奉旨调派优秀之农人来京应职，其制服服夫旨敕穿黄布马褂，其北地农人助手则不准穿，表示优异"。这些奉旨种田的南方人在万寿山至玉泉山，以及圆明园一带，"奉旨开辟稻田三百六十顷，分为里外圈"，"六郎庄以北为里圈，村南为外圈"。这些号称为"御田"，农人每年必须交纳"红香稻米"，以供帝王所用。另外还交纳租金若干，为"王后脂粉之费"（以上引自金勋《成府村志》）。京西稻米有玉泉山流下来的泉水滋润，因为水质优良，种出的稻米颗粒饱满，别有清香滋味。这大约也是京西稻米成为御用米的原因。而关于京西稻米的品种，因与皇室有关，民间遂流传着各种传说。比如传说乾隆下江南时曾带回稻种"紫金箍"，又比如有顺治时从朝鲜流传过来的"高丽江稻"，有康熙时某大喇嘛所献稻种"喇嘛稻"，有乾隆时将军福尔丹所献"青稞黍"等等（《京华旧闻》）。这一带御田在种植水稻之余，农民利用稻田旁的湿地，还种植红白莲、荸荠、茨菇、菱角等水生植物。海淀镇用本地种植的白莲花酿制的"莲花白酒"，成为名扬至今的名酒。

清初的几代帝王都很看重西郊的稻田，以及由稻田而形成的田园风光。从皇帝的御制诗文来看，多次提到海淀一带的稻田。康熙曾有《畅春园观稻》诗，诗有"七月紫芒五里香，近园遗种祝祯祥"等句。乾隆的观稻诗数量更多，比如《出畅春园观稻至泉宗庙》一诗，有"鳞塍处处绿苗芃""欲穗秧苗过雨青"等句；又有《出畅春园门自堤上至泉宗庙即景杂咏》，有"水田千罫都芃绿，多少殷心个里存。暑雨全收快霁宜，豆苗稻穗曝秋曦"等句，从畅春园行至泉宗庙，正是巴沟、六郎庄一带的农田风光。而乾隆《青龙桥晓行》有"十里稻畦秋草熟，分明画里小江南"一句，则是描述清漪园东边青龙桥一带的风景，在稻田荷塘的衬托下，俨然已经带有几分江南的风韵。

海淀稻田呈现的田园风光让帝王和诗人争相赋诗歌咏，而在此处生活的普通人民也逐渐发展出了新的娱乐活动，或者称为新的民俗活动——秧歌。成府村秧歌会的具体情形，金勋《成府村志》有详细记载。据《成府村志》称，这种名为"秧歌"的民间艺术形式，"始于康熙、雍正，盛于乾隆。秧歌为稻田插秧之歌，为且插且歌之词，有单唱，有对唱，有群唱之词"。这种秧歌，是随着京西稻田的开发由奉旨种田的江浙人带来的，是"在这些南省农人吃饭休息的时候，在大柳树林之中，铺上席，大家聚餐"，饭后，这一位用竹筷敲击餐具，当成铜锣，那一位用饭勺木把打着水桶底，当成花鼓，"慢慢地也能打起成套的谱子"，互相之间"对口唱起渔樵问答来"。因此成府秧歌一开始就纯粹是老百姓在田间劳作之余的自娱自乐，最后竟逐渐形成了整套的表演程式。起初，秧歌的唱词只是随口的对答对唱，而且因为众人来自江浙，乡音未改，所以"其词粗俗，词内多南音，如呼儿哈咳之类"，后来找文人帮助修改，固定了二十多个曲子，不过词句仍保留了一些土音。从成府秧歌形成的过程来看，与京城其他地方秧歌会不同的地方就是它的歌词和曲调，其表演的方式以及扮演的角色等，基本还是大同小异的。由此看来，成府秧歌是南北两地民间娱乐形式的互相融合的结果，这种带着南方口音的表演应该是成府秧歌的一大特色。

成府秧歌会究竟何时开始组织起来，因为何种原因促成，这已经无法考证。目前所知，光绪二十年之后成府秧歌会最负盛名。当时有慈禧太后要在颐和园看皇会，召集京内外各村表演一事。此时"成府以秧歌会最有名望，人材、行头、衣服更属第一"。成府秧歌会是由当地居民筹款组建，也由居民自行表演。据说成府村民多喜与人争强斗胜，所以排练秧歌也尽力做到最好。其表演形式是高跷秧歌，表演的主要角色有十个，第一个是头陀和尚，需身材魁伟之人扮演，做莽和尚打扮，"鼻间至脑门画淡墨蜈蚣"，手持短棒一对，在队伍前方。第二个是渔翁，做老生打扮，肩背鱼篮，内置鲤鱼一尾，手持钓鱼短竿。第三个是樵夫，做武生打扮，左肩担柴一担，腰插板斧。第四个是俊公子儿，扮丑角，手拿折扇一柄，又叫武扇儿。第五个是老座子，为花旦扮相，亦手执一柄扇子，称文扇儿。文、武扇儿是秧歌会的主角，显然其词曲和表演部分占全会的主要地位。光绪年间成府秧歌会的文扇儿陈二先生扮相俊美，在颐和园内大戏台为慈禧表演，得到慈禧的赞美和赏赐。第六个角色是小二格（哥），牧童扮相。第七第八是青蛇、白蛇，第九第十是打花鼓，抹三花脸，斜跨秧歌鼓。以清朝北京各地的秧歌会来看，高跷秧歌扮演的角色还有卖膏药的、渔婆等，而成府秧歌则采用《白蛇传》中的白蛇、青蛇角色，大约也是江浙先民保留的一种喜好吧。高跷秧歌的表演既需要稳稳地踩着高跷做出跑、跳、舞蹈以及武打动作，还要有丰富的面部表情，同时还配合唱、念，颇为不易。成府秧歌会每日下午排练，每月初一、十五化妆上街表演，走街串巷时，商铺、住户门前放置茶桌，则表示欢迎，秧歌队遇到这种情况则必须演唱。从排练和表演的频繁程度来看，表演者和观众对于秧歌这一娱乐形式都有较高的热情。遗憾的是成府秧歌这一民间艺术形式目前已经难得一见，南北各地的秧歌表演即使还有存留，大部分也不再是边演边唱，而是只表演动作，没有保留唱腔和歌词。因此，我们现在也只能遥想当年，那些远道而来的江南农人，在玉泉山下，淙淙清流中，带着江浙土音，用筷子、饭勺敲着碗和桶伴奏，东边一问，西边一答，渔樵问答式的民歌小调响彻在京西十里稻田中。

目前，海淀地区的稻田尚有小部分存留，水系则大部分已经干涸，只留下"万泉庄""巴沟""丹棱沜""稻香桥"等地名，令人回想起诗文中的京西稻田风光。而无论是农人在田间劳作所哼唱的带着乡音的秧歌，还是晚清时期成熟的成府秧歌会，估计都已经难以恢复，无法再与湖光山色、稻香十里相辉映了。

（作者单位：中国人民大学清史研究所）

三山五园与清代太后的奉养

杨剑利

清朝历代皇帝都尊亲法祖，标榜"以孝治天下"。奉养太后，就是这一理念的仪式化象征。清朝定制，"皇帝尊圣祖母为太皇太后，尊圣母为皇太后，居慈宁、寿康、宁寿等宫"（《国朝宫史》卷八《典礼四·宫规》）。除了紫禁城内的慈宁宫、寿康宫等专门奉养皇太后的宫殿之外，在园囿中也专门建有供太后颐养的居处。

首次在御园奉养太后的是康熙。康熙八岁即位时，嫡母、生母及祖母均在世，生母慈和皇太后于康熙二年（1663年）二月卒，仁宪皇太后和孝庄太皇太后皆长寿。宫中奉养虽然足以尊隆，但皇宫中的环境，尤其夏季，"溽暑难堪"（《清世祖实录》卷四九）。为了给太皇太后提供一个宜居的养生之所，康熙于康熙二十三年（1684年）第一次南巡归来后，在水土洁净的京西兴修畅春园。二十六年（1687年）初建成后，当年六月初六日，康熙便奉太皇太后、皇太后驻跸畅春园，"扶舆后先，承欢爱日，有天伦之乐焉"（《钦定日下旧闻考》卷七六《畅春园》）。近一个月后，七月初二日，康熙奉太皇太后、皇太后自畅春园回宫。从实录记载看，太皇太后回宫后一病不起，于当年十二月二十五日子时卒于慈宁宫。康熙在处理完太皇太后的丧事后，于次年六月初三日，再奉仁宪皇太后幸畅春园。此后数十年间，"于兹游憩"，"政事几务裁决其中"（《皇朝通志》卷三三《都邑略二·畅春园》），开创了清代皇帝居园理政与皇太后园居奉养的先例。

康熙无论是前往畅春园还是回宫，甚至外出巡幸，都尽可能奉这位养母随行。即便不能随行，他在回到北京后的第一件事也是前往皇太后居处请安。如康熙三十三年（1694年）三月初五日，康熙帝结束巡幸畿甸、返回京城的次日，便奉皇太后幸畅春园。三十五年（1696年）六月，康熙亲征噶尔丹，返回北京的第三天，奉皇太后幸畅春园。住了两个月后，八月初六日，才奉皇太后自畅春园回宫。尤其每年元旦来临，康熙一般都奉皇太后临幸畅春园，并在那里赐宴外藩。在畅春园时，皇太后一般都居住于春晖堂和寿萱春永，此处左右配殿五楹，东西耳殿各三楹，后照殿十五楹。

康熙五十六年（1717年）十二月初一日，皇太后病势渐笃，康熙"问寝视膳，晨昏定省，未尝稍间"（《清圣祖实录》卷二七六）。初六日酉刻，皇太后崩于宁寿宫，享年七十七岁。

雍正继位后，尊奉生母乌雅氏为仁寿皇太后，但是这位六十四岁的皇太后五个月后便因病去世。雍正九年（1731年）九月二十九日，"皇后病笃，移驻畅春园，上亲往看视，逾时回宫。未刻，皇后崩逝，上痛悼不已"（《清世宗实录》卷一一〇）。次日，辍朝五日，在京诸王以下及文武各官、公主王妃以下及旗下二品命妇俱齐集畅春园举哀，持服二十七日。虽然在畅春园奉养皇太后并未立为定制，

长春仙馆

但毕竟是不成文的旧制,雍正继续遵行先祖传统。随着雍正元年仁寿皇太后离世,再加上雍正继位后,并没有沿用畅春园作为自己的园居之地,而是扩建父皇赏赐给他的圆明园作为驻跸休养之所,导致畅春园在雍正朝被闲置。

乾隆即位后,尊生母钮祜禄氏为圣母皇太后,上徽号曰崇庆皇太后。乾隆在京西御园奉养皇太后的地方主要有两处:一是畅春园,一是圆明园。

在畅春园,皇太后的主要居处依然是春晖堂和寿萱春永。由于雍正朝十余年间的闲置，乾隆三年（1738年），乾隆下令对畅春园中供皇太后居住的春晖堂、寿萱春永进行修缮。正月二十一日，乾隆来到畅春园，视察了修缮竣工的春晖堂、寿萱春永工程。第二天，便奉皇太后居畅春园之春晖堂。

在圆明园，皇太后的主要居处是长春仙馆。乾隆三年（1738年）正月十一日，乾隆初幸圆明园，先诣恩佑寺行礼，然后奉皇太后居畅春园，并规定："凡庆节，恭迎皇太后御圆明园之长春仙馆，以为例。"（《清高宗实录》卷六十）乾隆认为："长春仙馆，循寿山口西入，屋宇深邃，重廊曲槛，逶迤相接，庭径有梧有石，堪供小憩。予归时赐居也。今略加修饰，遇佳辰令节，迎奉皇太后，为膳寝之所。"（《圆明园四十景图咏·诗序》）此处最适宜皇太后居养。此后，几乎皇太后在世的每年正月十五日前后，乾隆都会奉崇庆皇太后在圆明园山高水长观看焰火表演。例如，乾隆九年（1744年）正月十六日，乾隆谕："今夕山高水长处点放烟火盒子，着外省将军、副都统大臣等及京城部院衙门、旗下满洲大臣等进内观看；着御前乾清门行走之蒙古王、额驸台吉等在两廊下坐；大臣等皆在阶下两旁列坐；准噶尔使臣图尔都，着在头班大臣后随坐。"（《清高宗实录》卷二〇九）像这种场景，在乾隆四十二年皇太后去世之前，几乎是一种常例。

乾隆十六年（1750年），皇太后六旬万寿。此前一年的三月，乾隆谕令瓮山改称万寿山，金海改称昆明湖。为庆祝皇太后六旬圣寿，在京王大臣以及各省督抚都奏请在万寿山到京城西华门一路，沿途预备各种戏台杂技。乾隆十六年（1750年）三月，谕军机大臣等："今岁恭逢圣母皇太后六旬万寿，在京王大臣等奏请举行庆贺盛典，于万寿山至京一路分段豫备，公祝圣寿，已经允其所请。其各省督抚，似此奏请者，自应一体准行。但伊等于奏准之后，只应先期遣人进京，照在京王大臣所办及分派地方，各按段落，豫备经坛戏台之类，以展臣子祝嘏之诚。"（《清高宗实录》卷三八四）四月，据总管内务府王大臣等奏称，盐政吉庆、高恒亦奏请预备庆贺，并称"伊等各有所属商人恳与庆祝"，乾隆允许二人同各省督抚一起，在万寿山至西直门分段备办。五月，乾隆谕军机大臣等："今岁恭逢圣母皇太后万寿，直省督抚等奏请来京庆祝，朕均已酌量批示，并传谕停止一切进献。惟允其先期遣人赴京，于西直门至万寿山一路，分认段落，敬谨豫备。但所指段落里数甚长，办理未免多费。将来安舆所经，凡道旁一应豫备俱着取支内务府，不必伊等分办。惟自西直门至西华门一带途次，原准在京王公大臣分办，着各该督抚等即于此间公同分段豫备，计每段不过数丈许，则办理既易，而诚敬之意亦伸。所有分办之处，即令伊等遣人料理，将此一并传谕知之。"（《清高宗实录》卷三八八）在乾隆的"酌量批示"下，自万寿山到西直门，再从西直门到西华门的沿途，在皇太后万寿庆典期间，都要张灯结彩，备办各种戏台与杂艺表演。原计划万寿山至西直门一路由各地督抚分段认领，西直门至西华门一路则由在京王公大臣分段认领，但考虑到万寿山至西直门这段路程较长，办理起来必然费用不低，乾隆命令这段路的庆典筹办由内务府出资；相对距离较短的西直门至西华门这一段，则由各省督抚及踊跃表达诚敬之意的商人与在京王公大臣们一同办理。可以想见，乾隆十六年皇太后六旬万寿庆典时，万寿山至西华门一带的盛典陈设是何等的奢华繁盛！

乾隆四十二年（1777年）正月，皇太后病重，时居圆明园的长春仙馆。当月二十三日子刻，皇太后疾大渐。乾隆至长春仙馆问侍。

丑刻，皇太后崩，享年八十六岁。崇庆皇太后长寿，在做皇太后的四十余年间，绝大部分时间居于畅春园。乾隆时常前往问视，悉心奉养，正如皇太后卒后遗诏所言："皇帝秉性仁孝，承欢养志，克敬克诚，视膳问安，晨夕靡间……皇帝每见予康健如常，喜形于色。"乾隆也说："朕自登极以来，即尊养皇太后于畅春园，迄今四十二年，视膳问安，承欢介景，所以奉懿娱而尽爱敬，为时最久。"（《清高宗实录》卷一〇二五）乾隆所言不虚。对此，《啸亭杂录》卷一《孝亲》亦曰："纯皇（即乾隆）侍奉孝圣宪皇后极为孝养，每巡幸木兰、江、浙等处，必首奉慈舆，朝夕侍养。后天性慈善，屡劝上减刑罢兵，以免苍生屠戮，上无不顺从，以承欢爱。后喜居畅春园，上于乘冬季入宫之后，迟数日必往问安视膳，以尽子职。后崩后，上于后燕处之地皆设寝园，凡巾栉、杝枷、沐盆、吐盂无不备陈如生时，上时往参拜，多至失声。又于园隙建恩慕寺，以资后之冥福焉。"

皇太后去世当月，乾隆即令将圆明园之长春仙馆正殿、偏殿改为佛堂，将畅春园内现供佛座移往供奉，并添设佛像。又令将畅春园九经三事殿"易盖黄瓦"，以安奉皇太后梓宫。又特发谕旨，将畅春园奉养皇太后的功能设为定制，"若畅春园则距圆明园甚近，事奉东朝，问安视膳，莫便于此，我子孙亦当世守勿改"，要求将此旨录写，封贮上书房、军机处各一份，"传示子孙，以志毋忘"（《清高宗实录》卷一〇二六）。乾隆这一举动对三山五园及其主要建筑的礼制功能定位起了比较重要的作用。他将皇太后生前起居之所改建为佛堂，"易盖黄瓦"，提升了这些建筑的礼制级别，从而改变了它们的功能。乾隆担心自己身后的继任皇帝若援用此例，将自己园居理政时经常使用的圆明园正大光明等殿也改为佛堂之类的场所，则会改变其作为听政场所的功能；继任者若要继续在御园听政，还必须另辟新殿，从而造成资源上的浪费和闲置。为避免此类事情的发生，乾隆特意强调，畅春园以后的功能就是奉养太后，而且规定后代不得效仿自己将御园中前朝帝后起居之所改建为佛堂。

乾隆四十二年（1777年）二月二十日，乾隆就此事又谕军机大臣，除了再次明确畅春园供奉东朝、圆明园作为御园听政之所，后世不得更改其用途之外，更进一步就列圣列后神御（即画像）神位如何安放的问题，做了明确规定。根据乾隆的规定，安奉已故皇帝御容画像的地方，在内城是寿皇殿，京西御园则是圆明园的安佑宫，还有避暑山庄的永佑寺。畅春园恩佑寺原本供奉康熙御像，在圆明园安佑宫建成后，则与雍正御像一并移置其中。新建恩慕寺也只是为已故皇太后"恭荐慈福，少抒哀慕之忱"的祈福缅怀之所，而不供奉孝圣宪皇后的御容。

进入嘉庆朝后，因生母与嫡母均过世，嘉庆没有奉养太后的任务，于是作为专门奉养太后的畅春园继乾隆朝后期空置二十余年后，继续闲置二十五年。待道光继位后，畅春园已残破不堪，"殿宇墙垣，多就倾敧，池沼亦皆湮塞"。道光并没有忘记皇祖乾隆"子孙当世守勿改"的祖训，以畅春园为太后奉养之地。但无奈"此时重加修葺，地界恢阔，断非一二年所能竣工"，而次年"释服后，圣母皇太后临幸御园，不可无养志颐和之所"。不得已，道光只好对皇祖关于奉养东朝的规制加以变通，"再四酌度，绮春园在圆明园之左，相距咫尺，视膳问安，较之畅春园更为密迩。且系皇太后夙昔临莅之区，居处游览，馨无不宜，于此尊养承欢，当于近奉东朝之旨尤相契合也"。绮春园距离圆明园更近，更方便在圆明园理政的皇帝请安问候，于是道光命管理圆明园大臣"将绮春园相度修整，敬奉慈愉"

（《清宣宗实录》卷一八）。道光三年（1823年）正月，道光初幸圆明园，诣安佑宫行礼，随后奉皇太后居绮春园。道光二十九年（1849年），皇太后崩。

早在道光十三年（1833年）时，道光孝慎成皇后卒，后又立咸丰生母孝全成皇后，但道光二十年（1840年）正月，孝全皇后暴崩。此后，道光未再立后。因此，当咸丰即位后，也没有奉养皇太后的任务。咸丰十年（1860年），英法联军劫掠北京，三山五园遭到严重破坏，京西御园理政的运行至此终结，康熙朝以来供奉太后的颐养之地亦名存实亡。同治、光绪两朝虽然有奉养慈安皇太后和慈禧皇太后的任务，但宫中成为两宫皇太后的唯一选择。同治十年（1871年）之前，慈安皇太后居绥履殿，慈禧皇太后居平安室。同治十年之后，慈安皇太后移居钟粹宫，慈禧皇太后移居长春宫。光绪七年（1881年）三月初十日，慈安太后暴卒于钟粹宫，光绪十年（1884年），慈禧太后移居储秀宫。

不过，为两宫皇太后重修京西御园的工程还是断续进行。同治亲政后，以两宫皇太后"亲裁大政，十有余年，劬劳倍著而尚无休憩游息之所以承慈欢"为由，谕令总管内务府大臣"设法捐修，以备圣慈燕憩，用资颐养"。鉴于"物力艰难，事宜从俭"，要求将两宫皇太后驻跸之殿宇以及皇帝驻园办事住居之处"略加修葺，不得过于华靡"（《清穆宗实录》卷三五八），但因国势不堪，遭到朝臣强烈反对。同治十二年（1873年）十月，御史沈淮奏请暂缓修理圆明园，称"现在帑藏支绌，水旱频仍，军务亦未尽戢"，反对朝廷"再兴土木之工，以滋繁费"。迫于朝野内外舆论的压力，同治十三年（1874年）七月，朝廷降旨停止重修圆明园工程，"俟将来边境乂安，库款充裕，再行兴修"（《清穆宗实录》卷三六九）。

光绪十三年（1887年）正月，光绪亲政。次年二月初一日，光绪下谕称皇太后"自垂帘听政以后，夙夜祗惧，如临渊谷"，"而万几馀暇，不克稍资颐养，抚衷循省，实觉寝馈难安。因念西苑密迩宫庭，圣祖仁皇帝曾经驻跸，殿宇尚多完整，稍加修葺，可以养性怡神"。命修清漪园，并改称颐和园，作为奉养慈禧皇太后之所。为避免遭到一些权臣反对，光绪一再强调修园事关帝王"孝治天下"之本，"凡苑囿之设、搜狩之举，原非若前代之肆意游畋，此举为皇帝孝养所关，深宫未忍过拂"（《清德宗实录》卷二五二），是"祖宗旧制"。四月初十日，光绪恭奉归政的慈禧皇太后銮舆驻跸颐和园乐寿堂。从京西园林承担奉养太后的功能来讲，颐和园（清漪园）是继畅春园、圆明园、绮春园之后清朝太后最后的园居之地。光绪三十四年（1908年），光绪卒，慈禧皇太后择立溥仪为帝，即日尊为太皇太后，但未及一日，慈禧太后亦卒。宣统即位后，尊光绪皇后为隆裕皇太后，三年后（1911年），隆裕太后因病崩于宫内长春宫，清代历朝奉养太后的礼制至此终结。

（作者单位：中国人民大学清史研究所）

《四库全书》与四库七阁的坎坷命运

■ 黄爱平

　　《四库全书》是清代乾隆年间编纂的中国历史上最大的一部丛书。据《四库全书总目》统计，它著录书籍3461种，79309卷，存目书籍6793种，93551卷，合计10254种，172860卷。《四库全书》不仅囊括了从先秦至清代乾隆以前中国历史上的主要典籍，而且涵盖了中国传统学术文化的各个学科门类和各个专门领域。因此，它历来有"典籍总汇，文化渊薮"的美誉。在18世纪，像《四库全书》这样的文化巨著，不仅在中国，就是在世界上也是绝无仅有的。

　　为妥善保存这部卷帙浩大的丛书，乾隆帝先后下令仿效浙江宁波范氏天一阁的规制，在北方和南方地区分别建造七座藏书阁用于收藏《四库全书》。这就是著名的四库七阁，即北京紫禁城的文渊阁、北京圆明园的文源阁、河北热河（今承德）避暑山庄的文津阁、东北盛京（今沈阳）故宫的文溯阁以及江苏镇江的文宗阁、江苏扬州的文汇阁和浙江杭州的文澜阁。其中，北方的文渊阁、文源阁、文津阁和文溯阁都位于宫廷禁地和皇家园林之中，因此，又称为内廷四阁；而南方的文宗阁、文汇阁和文澜阁因为都在江浙地区，所以又被称为江浙三阁。

乾隆四十六年（1781年）十二月，经过将近10年的辛勤工作和不懈努力，第一部《四库全书》终于告成，贮藏在紫禁城的文渊阁。全书抄成3.6万册，约计229万页，7.7亿万字，堪称"水四瀛而山五岳，侔此壮观；前千古而后万年，无斯巨帙"。为方便识别利用，也考虑到美观大方，经、史、子、集四部书籍分别依照自然界春、夏、秋、冬四季变化，采用不同颜色的绢帛来作封面。其中，经部用绿色，史部用红色，子部用月白色，集部用灰黑色。为便于长期保存，还特别使用珍贵的楠木制作函套，每若干册书放入一匣，共计6144函。此后，文源阁、文津阁、文溯阁以及江浙三阁的《四库全书》也相继告成，先后送藏。一时之间，七阁《四库全书》云蒸霞蔚，纸墨灿然，一代藏书由此而臻于极盛。

各部《四库全书》陆续入藏之后，管理和利用工作随之提上日程。乾隆帝对此极为重视，大到设官分职，小至入阁观书，都亲自过问、反复申饬。根据乾隆帝的谕旨，内廷四阁都分别设置有相关官职，制定管理章程，指派专人负责，妥善保管收藏。乾隆帝在日理万机之余，也不时利用闲暇时分，入阁阅览图书。紫禁城的文渊阁、圆明园的文源阁和避暑山庄的文津阁，都是乾隆帝经常光临的地方。而江浙三阁的《四库全书》，当初是乾隆帝特别考虑到江南士子读书治学的需要而下令抄写的。为标榜文治、笼络人心，乾隆帝多次颁发谕旨，要求地方督抚大吏准许当地士子进阁阅览图书，并做好书籍的保存和管理工作。遵照乾隆帝的谕令，江浙两省的地方官员均选择专人掌管各阁书籍，允许当地士子进阁借阅抄写。因此，江浙三阁成为事实上的图书集聚传播中心。在此后半个多世纪的时间里，发挥了"嘉惠艺林，启牖后学"的独特作用。

然而，近代以来，清朝统治由盛转衰，列强入侵，战乱频仍，人民饱经忧患，世事几度沧桑。在一百多年的风风雨雨中，七阁《四库全书》也经历了坎坷曲折的历史命运。

文渊阁《四库全书》自嘉庆以后，便长期沉睡宫中，处于无人过问的境地。辛亥革命后，清皇室迁出紫禁城，全书暂归清室善后委员会接管，不久又正式交由故宫博物院图书馆保存。1931年"九一八"事变发生后，华北局势紧张，为防止国宝遭到破坏，故宫博物院图书馆将全书装箱运往上海。其后随着战争形势的变化，全书又辗转迁往重庆、南京等地，最终运至台湾。现珍藏在台湾"故宫博物院"。

文源阁《四库全书》毁于第二次鸦片战争。咸丰十年（1860年），英法联军攻入京城，举世闻名的圆明园被侵略军的一把大火烧得只剩残垣断壁，文源阁与其《四库全书》也在这场浩劫中化为灰烬。

文津阁《四库全书》的保存和管理比较正常，基本未受到战乱的影响。宣统元年（1909年），学部筹建京师图书馆，决定将文津阁《四库全书》移交该馆收藏，但还未实行，清王朝即被推翻。民国政府成立后，教育部接管学部，认为京师图书馆"为首都册府"，应该收藏《四库全书》，便请示政府将文津阁《四库全书》移交京师图书馆。1914年，全书连同书架一并运到北平（今北京），1915年正式移交京师图书馆（原北京图书馆前身，今为中国国家图书馆）。经该馆整理后，全书按原架陈列，并向社会开放。至今这部《四库全书》仍珍藏于中国国家图书馆中，是七部《四库全书》中唯一原架、原函、原书一体存放保管的一部。

文溯阁《四库全书》的管理比较规范，保存也比较完整。但在沙俄帝国于光绪二十六年（1900年）侵占东北三省时，曾出现丢失现象。辛亥革命后，全书于1914年一度运至北平（今北京）。后于1925年运回，仍收藏在文溯阁，由保管委员会负责管理保存。1926年，保管委员会清点阁书，查出阙失16种72卷，随即委派专人根据文渊阁《四库全书》补抄齐全。"九一八"事变后，东北成立伪满洲国，全书由伪满洲国立奉天图书馆接管。日本投降后，则交由国民党政府的国立沈阳博物院图书馆保存。东北解放后，全书由东北人民政府文物处接管，后交东北图书馆（今辽宁省图书馆前身）保存。1966年，文化部决定将全书移交甘肃省图书馆代管。于是，文溯阁的这部《四库全书》由沈阳迁往兰州，迄今一直保存在甘肃省图书馆的专门书库中。

文宗阁、文汇阁《四库全书》毁于太平天国战争。咸丰三年（1853年），太平天国的军队攻入镇江、扬州。文宗阁和文汇阁在战火中被焚毁，阁中珍藏的《四库全书》均付之一炬，荡然无存。

文澜阁《四库全书》也在太平天国战争中遭到严重破坏。咸丰十一年（1861年），太平天国的军队第二次攻打杭州，文澜阁在战火中倒塌，阁中珍藏的《四库全书》也大量散失。当地的藏书家丁申、丁丙兄弟在避难中发现市面上买卖食物的包装纸竟然是《四库全书》的书页，十分吃惊。他们立即随地捡拾搜访，又委托书商代为收购，总计抢救出8000多册，约占《四库全书》原有数量的四分之一。光绪七年（1881年），文澜阁重建工程完成，丁氏兄弟又着手进行补抄工作。前后历经六年，共补抄缺失书2174种，补足缺卷书891种，合计26380册，基本上恢复了文澜阁《四库全书》的规模。1911年，浙江公立图书馆建成，全书移至该馆保存。其后又经过几次补抄及整理，江浙三阁仅存的这部《四库全书》终成全本，现珍藏在浙江省图书馆。

综而观之，在近代以来的社会动荡和内忧外患中，内廷四阁的《四库全书》幸存三部，而江浙三阁的《四库全书》仅存半部。当年乾隆帝以盛世君主的气魄，先后下令抄写七部、分藏七阁的《四库全书》，不过数十年间竟然毁失过半，着实令人扼腕叹息。

时光流逝，天地翻覆。20世纪80年代以后，随着社会的发展，科学技术的进步，中国的文化事业也大大兴盛起来。1986年，台湾商务印书馆率先影印出版了文渊阁《四库全书》。1999年，上海人民出版社与香港迪志文化出版有限公司合作，共同推出了文渊阁《四库全书》的电子版。进入新世纪以来，文津阁、文溯阁以及文澜阁《四库全书》的影印出版工作也陆续在进行或酝酿之中。这部中国古代历史上最大的丛书，如今已经化身千百，得到广泛传播，并日益受到学术界和全社会的关注和重视。

抚今追昔，可以说：国运兴而文化兴，国运衰而典籍亡。一部《四库全书》的变迁，就是一个国家、一个民族命运的缩影。

（作者单位：中国人民大学清史研究所）

清宫御苑中的「出版社」

程广嫒

有清一代，大内武英殿修书处刊刻的典籍，以上乘的质量，被誉之为"殿本"。故而研究清代出版史事之人，多就武英殿修书处相关问题立论，尤其是《武英殿聚珍版丛书》，更属学界研究的重中之重。殊不知，位于北京城西北郊的皇家园林——"三山五园"中，同样有着众多的修书与藏书机构，如畅春园的蒙养斋、熙春园的集成馆和圆明园的文源阁等。在清宫出版名录中有着"双璧"美誉的《古今图书集成》和《四库全书》，即与之有着密切的联系。

然而，以往学界对"三山五园"中修书活动的关注，显得有些淡薄。首先，关于"古今图书集成馆"馆址的问题，多年以来聚讼纷纭，莫衷一是。而清华大学的苗日新坚持"二重证据法"的治史理念，在《熙春园·清华园考——清华园三百年记忆》一书中指出"集成馆"馆址即在熙春园的西半区。其次，关于圆明园内文源阁作为《四库全书》藏书楼的问题，学界大都重点关注《四库全书》的整体研究，往往忽略文源阁藏书楼丰富的历史文化内涵。这一倾向在圆明园管理处所编的《圆明园百景图志》一书中得到一定的纠正。此外，关于畅春园内蒙养斋作为《律历渊源》修书处的问题，笔者仅见张宝章的《畅春园记盛》一书和黄彦震、韩琦的文章中有所讨论。这与其在明清之际"西学东渐"历史大潮中的价值和意义极不相称。有鉴于此，笔者拟对畅春园蒙养斋、熙春园集成馆和圆明园文源阁相关的修书与藏书活动做一整体的梳理和把握，借以阐释清代皇家园林中典籍整理与出版活动背后丰富的历史文化内涵。

一、从紫禁城武英殿到畅春园蒙养斋

武英殿，位于紫禁城的西南隅，是一组由前殿武英殿、后殿敬思殿、东配殿凝道殿、西配殿焕章殿及恒寿斋、浴德堂等建筑物组成的建筑群。自康熙年间起，随着"武英殿修书处"的创设，此地成为清代内府刻书的主管机构，所刻典籍史称"殿本"。

据陶湘《清代殿版书目》载，自顺治朝至宣统朝，武英殿修书处共刻书520种，52935卷。刻书最多的是乾隆朝（308种，14960卷），其种数占十朝的59.2%，卷数占十朝的28.3%；其次为雍正朝（72种，占十朝的13.8%；12022卷，占十朝的22.7%）和康熙朝（56种，占十朝的10.7%；5596卷，占十朝的10.6%）。康、雍、乾三朝合计，种数占十朝的83.7%，卷数占十朝的61.6%。由此可见，随着康乾盛世的来临，以武英殿修书处为代表的宫廷出版事业亦达到巅峰。

若论武英殿版内府刻书的精品，首推乾隆年间的"武英殿聚珍版丛书"。在乾隆三十九年（1774年）《御制题武英殿聚珍版十韵》

诗序中，乾隆帝曾详细阐述"武英殿聚珍版"诞生的来龙去脉：

> 校辑《永乐大典》内之散简零编，并搜访天下遗籍，不下万余种，汇为《四库全书》。择人所罕觏，有裨世道人心及足资考镜者，剞劂流传，嘉惠来学。第种类多则付雕非易，董武英殿事金简以活字法为请，既不滥费枣梨，又不久淹岁月，用力省而成功速，至简且捷。考昔沈括《笔谈》记宋庆历中，有毕昇为活版，以胶泥烧成。而陆深《金台纪闻》则云毗陵人初用铅字，视版印尤巧便，斯皆活版之权舆。顾埏泥体粗，熔铅质软，俱不及锓木之工致。兹刻单字计二十五万余，虽数百十种之书，悉可取给，而校雠之精，今更有胜于古。所云者，第活字版之名不雅驯，因以"聚珍"名之。

在制作《四库全书》书版之际，乾隆帝以工作量大而"付雕非易"，否决雕版印刷方案。有鉴于此，管理武英殿修书处事务的金简，奏请以一份枣木活字套版代替雕版，"既不滥费枣梨，又不久淹岁月，用力省而成功速，至简且捷"。乾隆帝欣而允之，并为这套木活字版定名"聚珍"。"武英殿聚珍版丛书"足本138部（内有4部为此前的雕版）由此问世。其衍生品《武英殿聚珍版程式》更是成为记载中国活字印刷的重要文献。

尤为重要的是，清廷修书机构绝非武英殿修书处一处。据杨玉良考证，自顺治至乾隆的一百多年间，清廷所设书馆就有三十多处。若以常开、例开、特开分类，常开之馆有武英殿修书处、国史馆与方略馆；例开之馆有实录馆、圣训馆、玉牒馆等；特开之馆有图书集成馆和四库全书馆等。待到京城西北郊的"三山五园"皇家园林体系逐渐成形以后，离宫御苑中的皇家修书机构更是如雨后春笋般，纷纷设立。其中，康熙年间的畅春园蒙养斋，堪称清代皇家园林中较早的修书机构。

康、雍、乾三帝，皆属文治武功的集大成者。但论对西学之倾心及其西学之造诣，无人能出康熙皇帝之右。他被后世誉为"最早懂得向西方资本主义先进知识学习的开明君主"。至于其重视西学的缘故，《圣祖仁皇帝庭训格言》中有这样一段话：

尔等惟知朕算术之精，却不知我学算之故。朕幼时，钦天监汉官与西洋人不睦，互相参劾，几至大辟。杨光先、汤若望于午门外九卿前当面赌测日影，奈九卿中无一人知其法者。朕思，己不知，焉能断人之是非，因自愤而学焉。今凡入算之法，累辑成书，条分缕析。后之学此者视此甚易，谁知朕当日苦心研究之难也！

所谓"今凡入算之法，累辑成书"，说明康熙帝不仅"自愤而学焉"，而且积极从事算学典籍的编纂工作。其代表作首推成书于康熙末年的《律历渊源》。而这部以西学为主体的科学典籍，正是成书于京城西北郊的畅春园。

康熙五十二年六月初二日（1713年7月23日），康熙帝命和硕诚亲王胤祉："律吕算法诸书，应行修辑。今将朕所制律吕算法之书发下，尔率领庶吉士何国宗等，即于行宫内立馆修辑。"立馆修辑律吕算法诸书，由此拉开帷幕。九月二十日（11月7日），康熙帝再谕总理修辑事务的诚亲王胤祉："修辑律吕算法诸书，着于蒙养斋立馆，并考定坛庙宫殿乐器。举人照海等四十五人，系学习算法之人。尔等再加考试，其学习优者，令其于修书处行走。"由此，几项重要的原则确定：首先，将修书场地定于畅春园内蒙养斋。其次，总理修辑事务者，仍为皇三子胤祉。最后，关于馆员人选问题，定为在举人照海等四十五人中考选。接着，又有何国宗、梅瑴成、陈厚耀、王兰生、方苞、胡煦、明安图等一批专门人才入馆修书。

正是在康熙帝的亲自指导和皇三子的主持下，律吕算法诸书的修辑工作进展相当顺利。康熙五十三年十一月十七日（1714年12月23日），诚亲王胤祉等以《律吕正义》进呈。接着，康熙六十年（1721年），《数理精蕴》辑成；康熙六十一年（1722年），《历象考成》辑成。随后，康熙帝下旨："律吕、历法、算法三书，着共为一部，名曰《律历渊源》。"其中，《律吕正义》五卷，分为三编：上编《正律审音》两卷，下编《和声定乐》两卷，续编《均协度曲》一卷，是一部有关乐器、乐理的专著。《数理精蕴》五十三卷，分为三部分：上编《立纲明体》五卷，下编《分条致用》四十卷，附表八卷，是一部数学百科全书，被《四库全书总目》誉为"通贯中西之异同，而辨定古今之长短"。《历象考成》四十二卷，亦分三部分：上编《揆天察纪》十六卷，下编《明时正度》十卷，附表十六卷，是一部有关天文、地理的专著，被《四库全书总目》誉为"集中西之大同，建天地而不悖，精微广大，殊非管蠡之见所能测"。

康雍之际，随着清廷与罗马天主教廷的矛盾激化，明清之际西学东渐的文化交流趋于沉湮。迨至雍乾以后，西学难有立锥之地。正因如此，从畅春园蒙养斋走出的以《律历渊源》为代表的一批西学典籍，可谓弥足珍贵。

二、熙春园里的古今图书集成馆

成书于清康雍之际的《古今图书集成》，是中国古代现存最大的一部类书。雍正帝曾以"贯穿今古，汇合经史"誉之。乾隆帝亦以"书城巨观，人间罕觏"许之。其影响更是及于海外，被西方学者称为"康熙百科全书"。英国人李约瑟即言："我们经常查阅的最大的百科全书是《古今图书集成》。"而这部闻名遐迩的巨著，正是成书于圆明五园之一的熙春园（盛时圆明园包括圆明园、长春园、熙春园、绮春园、春熙院）。

熙春园与《古今图书集成》的渊源，须从熙春园第一任主人——康熙帝三子诚亲王胤祉（1677—1732）及其业师陈梦雷说起。康熙二十六年（1687年），位于京城西北郊的皇家园林——畅春园建成。四十六年（1707年），康熙帝允准胤祉等七位年长皇子在畅春园"北新花园迤东空地"建园。胤祉即在"水磨闸东南明珠子奎芳家邻接空地"（即今清华园一带）建园。十一月二十日（12月13日），"皇三子多罗贝勒胤祉恭请上幸花园进宴"，暗示着胤祉花园当年即已建成。五十二年三月十三日（1713年4月7日），即康熙帝六十寿诞之前五日，皇三子诚亲王胤祉等十三人，率皇孙弘昇等二十六人，在胤祉花园为康熙帝预祝遐龄，称觞献寿。值此前后，康熙帝为胤祉花园御题名曰"熙春园"。迨至雍正八年（1730年）以前，胤祉长期居于此园。

陈梦雷（1650—1741），字则震，号省斋，福建侯官人。康熙九年（1670年）进士，选庶吉士，寻授编修。十九年（1680年），以在三藩之乱中"从逆"入狱，寻论斩。二十一年（1682年），免死，流于奉天府尚阳堡。三十七年（1698年），康熙帝东巡盛京，陈梦雷献诗称颂，帝施恩，梦雷遂得返京，奉命为皇三子胤祉授读。怀着"思捐顶踵，图报万一"之心的陈梦雷，向胤祉提出了欲以己之长，"掇拾简编，以类相从，仰备顾问"的想法。对此，胤祉欣然允诺，他除将自己的协一堂所藏鸿编尽数献出外，并对编纂体例提出一己之见："《三通》《衍义》等书，详于政典，未及虫鱼草木之微；《类函》《御览》诸家，但资词藻，未及天德王道之大。必大小一贯，上下古今，类列部分，有纲有纪，勒成一书，庶足大光圣朝文治。"

于是，自康熙四十年（1701年）十月起，陈梦雷综合家藏诸书与协一堂藏书共一万五千余卷，"目营手检，无间晨夕"，至四十五年（1706年）四月间，全书初稿终于告成。其后，又寒来暑往，几易其稿。至康熙五十五年（1716年），得呈御览。康熙帝不仅御赐书名《钦定古今图书集成》，而且御命开设"古今图书集成馆"，馆址即设于熙春园西半区。关于集成馆的人员设置，经青年学者项旋考证：其时，以胤祉为监修，总理日常事务；以陈梦雷、顾承烈为正、副总裁，主管编纂事宜；此外尚有"领袖纂修"（如：金门诏）等职衔设置。其他如分纂、校对、誊录等人员，常年额设在编人员为八十人。

此书内容宏富，巨细靡遗。依陈氏之言："凡在六合之内，巨细毕举。其在十三经、二十一史者，只字不遗，其在稗史子集者，十亦只删一二。以百篇为一卷，可得三千六百余卷，若以古人卷帙较之，可得万余卷。"对于全书的影响，陈梦雷有着高度的自信："较之前代《太平御览》《册府元龟》，广大精详何止十倍。从此颁发四方，文治昭垂万世。王爷鸿名卓越，过于东平、河间。而草茅愚贱，效一日犬马之劳，亦得分光不朽矣！"

其间，康熙四十三年（1704年），康熙帝曾赐陈梦雷联曰："松高枝叶茂，鹤老羽毛新。"陈遂自号"松鹤老人"，并以"松鹤山房"命其在胤祉熙春园东北隅的住处——一座上下三间的二层小楼。正是在"松鹤山房"〔康熙四十九年（1710年）至六十一年（1722年）

的十三年间，陈居于此]，陈梦雷最终完成《古今图书集成》的编纂工作。

时至康熙六十一年（1722年），《古今图书集成》的编印工作已接近尾声：全书"共一万卷，已刷过九千六百二十一卷，未刷者三百七十九卷"，这意味着全书的96.21%已印刷完成。然而，随着康熙帝的病逝，政局陡变。十二月十二日（1723年1月18日），继位未满一个月的雍正帝降旨："陈梦雷，原系叛附耿精忠之人，皇考宽仁免戮，发往关东。后东巡时，以其平日稍知学问，带回京师，交诚亲王处行走。累年以来，招摇无忌，不法甚多。京师断不可留，着将陈梦雷父子发遣边外。"所谓"招摇无忌，不法甚多"，只是新帝欲翦除胤祉手足的"欲加之罪"。未几，康熙朝集成馆亦遭到改组。监修由胤祉改为康熙帝十六子胤礼；正、副总裁亦由陈、顾二人改为礼部侍郎蒋廷锡和内阁侍讲陈邦彦；原集成馆前后共有十六人遭到清洗。

如前所述，蒋廷锡、陈邦彦二人主持集成馆务之前，全书完成已逾九成。就连蒋氏所谓"改印"之举，亦遭雍正帝婉拒："改印者不必，恐有后论。将已成好之书改坏大有所关，如必有不可处，亦当声闻于众而行。"雍正三年（1725年）十二月间，《古今图书集成》全书告竣。雍正帝在"序"中一面抑前朝之绩："任事之臣，弗克祗承。既多讹谬，每有阙遗。经历岁时，久而未就。"一面扬本朝之功："朕绍登大宝，思继先志，特命尚书蒋廷锡等董司其事，督率在馆诸臣重加编校。穷朝夕之力，阅三载之勤。凡厘定三千余卷，增删数十万言。图绘精审，考定详悉。"其奉敕编纂者，更是只见"蒋廷锡"，不见"陈梦雷"。

历经康、雍两套班子，耗时二十四番寒暑，终成《古今图书集成》的蔚然大观。这部巨著,一改此前类书的两级分类法("部—类"或"部—门"),而用更加详备的三级分类法(即"汇编—典—部")。全书共分:六汇编、三十二典、六千一百一十七部。每部再根据内容分为汇考、总论、图表、列传、艺文、选句、纪事、杂录、外编等篇。综计之,全书共有一万零四十卷(见表1)。

表1

汇编	典
方舆	乾象、岁功、历法、庶征
明伦	皇极、宫闱、官常、家范、交谊、氏族、人事、闺媛
博物	艺术、神异、禽虫、草木
理学	经籍、学行、文学、字学
经济	选举、铨衡、食货、礼仪、乐律、戎政、祥刑、考工

如此鸿篇巨制,能达纲举目张之效,端在编纂者陈梦雷有着高屋建瓴的指导思想——"天地人"三才思想。正如陈氏所言:"法象莫大乎天地,故汇编首历象而继方舆。乾坤定而成位其间者,人也,故明伦次之。三才既立,庶类繁生,故次博物。裁成参赞,则圣功王道以出,次理学、经济,而是书备焉。"基于此,陈氏先定历象、方舆、明伦三汇编,次定博物、理学、经济三汇编。进而言之,各个汇编内部,又有主次之序。在历象、方舆二汇编中,陈氏将自然事务列于前,将人类事务置于后。在明伦汇编中,则呈现出"皇—官—家"的等级秩序。而在博物、理学、经济三汇编中,则体现出"以人为本"的思想路径,将与人类事务相关的内容置于最前。诚如王昑所言:"陈梦雷的天地在先、人为万物之灵的思想,具有我国古代朴素唯物论和朴素辩证法的思想特点,对世界的看法是比较正确

的，由此而形成的编辑思想也是比较先进的。"

对于《古今图书集成》的诞生地——熙春园，苗日新有着颇高的评价："《御制律历渊源》和《钦定古今图书集成》是用同一副铜活字、同一时间在古今图书集成馆刷印装订而成。熙春园集成馆是康雍朝最大刻印中心，它与畅春园蒙养斋构成西学东渐的发源地和当时的文化中心。"

三、圆明园文源阁庋藏《四库全书》

康乾盛世，是国学整理的黄金时代。尤其是康雍之际的《古今图书集成》与乾隆年间的《四库全书》，一为类书，一为丛书，堪称国学整理的"双璧"。与《古今图书集成》相类，《四库全书》和皇家御园——圆明园之间同样有着紧密的联系。

乾隆三十八年二月二十一日（1773年3月13日），乾隆帝对校核《永乐大典》事宜做出最高裁决："将来办理成编时，著名《四库全书》。"这是"四库全书"一名在清宫档案中的首次出现，暗示着编修《四库全书》大型文化工程的正式启动。此后，各项工作渐次展开。有关修书事宜，统交"四库（全书）馆"办理。具体而言，"四库（全书）馆"又分为翰林院四库馆和武英殿四库馆两大系统：翰林院四库馆，主要是指办理四库全书处，负责纂办《四库全书》，以纂修官为代表。武英殿四库馆，主要是指缮写四库全书处，负责缮写、分校、刊印、装潢《四库全书》，以分校官为代表。经过在馆诸臣夜以继日的不懈坚持，《四库全书》的编修工作顺利进行。

乾隆四十六年十二月初六日（1782年1月19日），第一部《四库全书》告竣，藏于紫禁城内文渊阁。四十七年（1782年），第二部告竣，藏于沈阳故宫的文溯阁。四十八年（1783年），第三部告竣，藏于圆明园内文源阁。四十九年（1784年），第四部告竣，藏于避暑山庄的文津阁。文渊、文溯、文源、文津，谓之"内廷四阁"。而在四十七年七月初九日（1782年8月17日），乾隆帝再谕："扬州大观堂之文汇阁，镇江金山寺之文宗阁，杭州圣因寺行宫之文澜阁，皆有藏书之所。着交四库馆，再缮写全书三分，安置各该处。"五十二年四月十七日（1787年6月2日），续办三份《四库全书》同时告竣，亦分阁贮之。文汇、文宗、文澜，谓之"江南三阁"。四库七阁，蔚为大观。

据《四库全书总目》统计，作为中国古代现存最大的一部丛书，它著录书籍3461种，79309卷；存目书籍6793种，93551卷；总计10254种，172860卷，基本囊括清代乾隆朝以前中国古代的主要典籍。而据黄爱平统计："以全书册数计，每份约为36000册，七份合计252000余册；以全书页数计，文津阁《四库全书》2291100页，七份合计16030000余页。"如此宏富的体量，对藏书之处自然有着极高的要求。笔者谨以圆明园内文源阁为例，予以说明。

文源阁，位于圆明园内水木明瑟一景之北侧，是一处以藏书楼为主体的建筑群落，占地面积16000平方米，建筑面积800平方米。雍乾之际，此地本是一座四方重檐大亭，亭额曰"四达亭"[雍正九年（1731年）御书]。乾隆四十年（1775年），为藏书之便，此地改建成藏书楼——文源阁。作为主体建筑的文源阁，"南向卷棚歇山楼六间，覆黑色琉璃瓦，嵌绿边，外观为两层，前后出廊，楼外檐悬乾隆四十年四月御书'文源阁'一块玉黑漆铜字匾，内额为'汲古观澜'"。阁成之初，收贮《古今图书集成》一部。乾隆四十八年（1783年），第三部《四库全书》入贮时，阁东建碑亭，刊刻乾隆帝御书《文源阁记》：

藏书之家颇多，而必以浙之范氏天一阁为巨擘。因辑《四库全书》，命取其阁式，以构庋贮之所。既图以来，乃知其阁建自明嘉靖末，至于今二百一十余年。虽时修葺，而未曾改移。阁之间数及梁柱宽长尺寸，皆有精义，盖取"天一生水、地六成之"之意。于是就御园中隙地，一仿其制为之，名之曰"文源阁"，而为之记曰：

文之时义大矣哉，以经世，以载道，以立言，以牖民。自开辟以至于今，所谓天之未丧斯文也。以水喻之，则经者文之源也，史者文之流也，子者文之支也，集者文之派也。派也，支也，流也，皆自源而分；集也，子也，史也，皆自经而出。故吾于贮四库之书，首重者经。而以水喻文，愿溯其源。且数典天一之阁，亦庶几不大相径庭也夫！

"记"之起笔，首论建阁之缘由，即"因辑《四库全书》"，"以构庋贮之所"。而其建筑蓝本，则是藏书界巨擘的浙江宁波范氏天一阁。秉承其"天一生水，地六成之"的理念，乾隆帝"就御园中隙地，一仿其制为之"，遂有文源阁之规模。"记"之主体，则以"水"喻"文"，而以经、史、子、集，譬为文之源、流、支、派。"派也，支也，流也，皆自源而分；集也，子也，史也，皆自经而出。"有鉴于此，"四库之书，首重者经"。这其中"四阁之贮首重者源"的意蕴暗含其中。乾隆帝对文源阁的重视，由此可见一斑。

清代作为中国最后一个封建王朝，有着政治上"大一统"和文化上"集大成"的显著特点。这种"大一统"与"集大成"，在以京城西北"三山五园"为代表的皇家园林中得到较好的呈现。

即以"三山五园"中的"出版社"而言，纵观康、雍、乾三朝，在继承历朝历代修书、刻书、藏书的丰富遗产基础上，构建起堪称完备的典籍出版机制：既有像畅春园蒙养斋和熙春园集成馆这样的修书机构，又有像武英殿修书处这样的刻书机构，更有像圆明园文源阁这样的藏书机构。

从其"出版物"的内容属性来看，一方面，作为国学整理"双璧"的《古今图书集成》与《四库全书》，成为浩如烟海的古代典籍中难以企及的两座高峰；另一方面，从畅春园蒙养斋走出的《律历渊源》，备载天文、数学、音乐等西学内容，成为明清之际"西学东渐"大潮的历史见证。

（作者单位：中国大百科全书出版社）

曹雪芹故居何处寻

樊志斌

曹雪芹一生经历了从南京到北京，从城里到城外的迁居过程，据我们所知，曹雪芹故居有五处之多：南京江宁织造府、崇文门外十七间半、正白旗营房、碧云寺外北上坡和白家疃两处私宅。可惜的是，除正白旗营房外，曹雪芹的其他四处故居已了无痕迹，无处寻觅了。喜欢曹雪芹、《红楼梦》的人，无不关心这处营房与曹雪芹的关系。

传　说

1963年，文化部在故宫举办纪念曹雪芹逝世200周年活动。

3月初，中国新闻社的黄波拉到卧佛寺侧的龙王堂看望同乡好友冯伊湄。闲谈之间，黄波拉向冯伊湄谈及城内纪念曹雪芹的事情。冯伊湄告诉黄波拉，自己的先生司徒乔有个学生叫张家鼎，其父张

曹雪芹纪念馆

曹雪芹故居何处寻

永海知道很多关于曹雪芹的故事，可以一起谈谈。

回城后，黄波拉便将这个消息告诉相关朋友。3月17日，《文学遗产》编辑委员会委托著名红学家吴恩裕到香山访问张永海。为了记录方便，吴恩裕还约了吴世昌、周汝昌、陈迹冬、骆静蓝一同前往。

关于曹雪芹的住处，张永海告诉专家，曹雪芹先在正白旗居住，乾隆二十年以后，搬出正白旗，迁到镶黄旗侧的公主坟居住。曹雪芹在正白旗的旧居位于"四王府的西边，地藏沟口的左边靠近河的地方，那儿今天还有一棵二百多年的大槐树"。正白旗的档房位于曹雪芹旧居的后面。

张永海还提到，曹雪芹在正白旗的时候，他的一位叫作鄂比的朋友曾经赠送给他一副对联，云：远富近贫，以礼相交天下有；疏亲漫友，因财绝义世间多。这副对联因涉及曹雪芹的性格和朋友交际情况，受到学界的重视。

发　现

1971年，张永海所谓的鄂比赠给曹雪芹的那副对联被发现在正白旗的一处老屋墙壁上。当时，这处老屋内住着的是北京27中退休语文教师舒成勋夫妇。

4月4日，舒成勋有事进城，他的太太陈燕秀在家打扫房屋，在挪动靠墙的木床时，床上的铁钩将墙上的白灰刮下一块来。陈燕秀发现，脱落墙皮内还有一层墙皮，内层墙皮上似乎还有斑斑墨迹。陈燕秀没有文化，不知道墙上写的是什么内容。出于好奇，她将外层墙皮慢慢揭下来。结果，发现正面墙面上写满了墨字，写有字迹和绘有兰花的墙皮占据了整个墙壁面积的60%。

晚上，舒成勋从城里回来，在墙壁中央发现了那副久被口传已久的对联，它被写成了菱形。

"题壁诗"发现的第二天，舒成勋把外甥郭文杰找来，让他给墙上的诗文墨迹照了相。

当时，正值"文革"，人人唯恐自身不保。随后，舒成勋向海淀房管所和香山街道反映了自己家发现题壁诗文的情况。舒家西墙上发现古人诗文的消息不胫而走，附近很多村民都知道了这个消息，来舒家观看题壁诗。

鉴　定

1975年农历八月二十九日，著名文物鉴赏家张伯驹与夏承焘、钟敬文、周汝昌等人，到正白旗三十九号老屋访问舒成勋。舒成勋将当年照下的"题壁诗"的照片给他们观看。

张伯驹看过旗下老屋"题壁诗"照片后说，我不是红学家，只是一个文物工作者，考文物以证历史，题壁诗"诗格"断为乾隆时代无疑。其后，张伯驹有《浣溪沙》词记载当日之事，云：

秋气萧森黄叶村，疏亲慢友处长贫，后人来为觅前尘。
刻凤雕龙门尚在，望蟾卧兔砚犹存，疑真疑幻废评论。

其词注中写道："按发现之书体、诗格及所存兔砚，断为乾隆时代无疑。"张伯驹对"题壁诗"的鉴定，不仅否定了题壁诗造伪的可能，也为研究题壁诗的书法、题壁诗的抄录者身份、素养与曹雪芹

曹雪芹故居

的关系提供了坚实的基础。

　　正白旗三十九号院位于民间传说中曹雪芹正白旗故居的范围内，其间又出现了友人赠送给曹雪芹的对联，这就提出了一个逻辑，在曹雪芹故居范围内发现了曹雪芹生活时代友人赠送给曹雪芹的对联，因此，正白旗三十九号院应该就是曹雪芹在正白旗的居所——这是人们目前所知唯一与曹雪芹有着直接关系的清代实体建筑。

内　容

　　经查证，正白旗三十九号老屋西墙上的题壁诗多抄自他书。如墙壁上的《六桥烟柳》《渔沼秋蓉》《瓶湖秋月》《柳浪闻莺》皆出自《西湖志》；其中"有花无月恨茫茫"诗出自唐寅的《六如居士全集》；

"甘罗发早子牙迟"句出自《水浒传》;"吴王在日百花开"诗、"富贵途人骨肉亲"诗出自《东周列国志》;"蒙挑外差实可怕"诗出自子弟书《书班自叹》。

有专家认为,墙壁上所书诸诗水平低劣,但是,当查清了这些诗的来源后,可以质疑这些专家的鉴定。还有人以为,老屋西墙上的题壁诗文错字众多,所以,题壁诗文的抄录者文学修养很低,绝对不能是曹雪芹。

实际上,仔细分析题壁诗的内容,就能发现事情绝对没有那么简单。墙壁上的诗文出现的很多错字,并非抄录者不懂平仄、随意改动,而是抄录者有目的地改字。

题壁诗文上的《六桥烟柳》写道:"赤栏杆外青【清】阴满,曾见苏公过马蹄。"此诗为明人凌云翰作,收入清傅王露修《西湖志》。"题壁诗"将"清荫"更为"青荫",似有避"文字狱"之意。

又如其中的《渔沼秋蓉》一诗云:"放生池畔摘湖船,夹岸芙蓉照眼鲜。旭【丽】日烘开鸾绮幛【障】,红云裏作凤雏【罗】缠。低枝亚水翻秋月,丛昙【萼】含霜弄晚【晓】烟。更爱赤栏桥上望,文鳞花低【底】织清漣。"

括号中字为原诗用字。题壁诗文改字如此之多,很明显,并不是抄录者的误记所致。又如,题壁诗对明初名士高启《百花洲》诗的改动,更让人感觉作者对原作的改动是有意为之。

高诗原作"吴王去后百花落,歌吹无闻洲寂寞"。题壁诗则更为"吴王去后百花落,歌吹长岛洲寂寞"。"无闻""长岛"之别是何其大也,如何能够轻易记错呢?

该诗被冯梦龙、蔡元放编的《东周列国志》收录,题为《锦帆泾》。题壁诗云"偶录《锦帆泾》"。既云抄录,如何能有如此舛

155

误呢？

从题壁诗的抄录内容来看，主要集中在吟诵西湖美景，感慨生不逢时、世态炎凉，可以知道，抄录者对杭州西湖或清漪园西湖这样的水乡风景很有感情，而且胸有抱负，由于某种原因不能施展。又从他抄录唐寅《花月吟效连珠体十一首》中诗可知，他是羡慕唐伯虎之为人的。这与曹雪芹的经历和审美都是一致的。

旁　证

1977年，北京城内·对题有"芹溪处士"款书箱的发现，再次吸引了人们的关注。

书箱为一名叫作张行的工人所有，据说是他的祖上传下来的。经故宫博物院研究员王世襄先生鉴定，认为确为清代乾隆中期之物。

这只书箱盖上绘有兰草、怪石等图案，其中一个上面刻有《题芹溪处士句》，云：并蒂花呈瑞，同心友谊真。一拳顽石下，时得露华新。另一书箱则有"拙笔写兰，乾隆二十五年岁在庚辰上巳"字样。"拙笔"二字与正白旗三十九号西墙上的"拙笔"出自同一人之手。该只书箱箱盖背后写有"为芳卿编织纹样所拟歌诀稿本"等样的五条书目及一首悼亡诗。

五行书目为：为芳卿编织纹样所拟诀语稿本；为芳卿所绘彩图稿本；芳卿自绘编锦纹样草图稿本之一；芳卿自绘编锦纹样草图稿本之二；芳卿自绘织锦纹样草图稿本。

曾经目睹并抄录曹雪芹佚著《废艺斋集稿》的孔祥泽指出，这五行书目笔迹与自己在1943年双钩的《废艺斋集稿》文字完全一致，这一点也为专家所认同。可知，《废艺斋集稿》与这对黄松木书箱都是曹雪芹的遗物。

既然正白旗三十九号老屋题壁诗为曹雪芹亲书，而《废艺斋集稿》和书箱都是曹雪芹的遗物，则三者之间的笔迹应该完全一致，如果有一种与其他二者有别，则此种物件与曹雪芹的关系即可排除。

2009年，公安部物件专家对五行数目与题壁诗的文字笔迹进行了鉴定，证明确实出自一人之手。

由此，可以认定，正白旗三十九号院为曹雪芹故居。

（作者单位：北京曹雪芹纪念馆）

《红楼梦》中"俄国风"

樊志斌

《红楼梦》中言及"京师"事物颇多,唯多是泛写,不甚明朗,不了解乾隆时代北京的情况,读来感受不深。

《红楼梦》第四十九回《琉璃世界白雪红梅 脂粉香娃割腥啖膻》中,描述大观园诸人赏雪场景,先写"众姊妹都在那边,都是一色大红猩猩毡与羽毛缎斗篷,独李纨穿一件青哆罗呢对襟褂子,薛宝钗穿一件莲青斗纹、锦上添花、洋线番耙丝的鹤氅;邢岫烟仍是家常旧衣,并无避雪之衣"。

标明诸钗着"红"——白雪红氅对比强烈,相映成趣,唯李纨与薛宝钗因为身份和性格的关系,不着"红"而着"青",邢岫烟家中清寒,邢夫人蠢愚,不知关照,而女儿自爱,不以着"家常旧衣"而愧。接着曹雪芹又写道:

一时,史湘云来了,穿着贾母与他的一件貂鼠脑袋面子、大毛黑灰鼠里子、里外发烧大褂子，头上带着一顶挖云、鹅黄片金里、大红尚烧、昭君套，又围着大貂鼠风领。

对于湘云的打扮，嘴快眼尖的林黛玉首先笑道："你们瞧瞧，孙行者来了。他一般的也拿着雪褂子，故意装出个小骚达子来。"

骚达子，前人不解其意，以为是对蒙古人的蔑称——因北京有"骚子营""达子营"之谓，并推导出曹雪芹有反满倾向、《红楼梦》系反满之书的种种说法。

此一说法，不唯学术见解有限，即小说文章本身也未读通。且看，黛玉称湘云"骚达子"后引来的反应——湘云笑道："你们瞧我里头打扮的。"一面说，一面脱了褂子。可见，湘云自己知道，"骚达子"一词是没有贬义的。

实际上，骚达子与骚子、达子虽只有一字之差，意义却天差地别。骚子营、达子营之称谓，多系民国初年南人惯用，因清末革命党主张排满——"骚"，谓其多食羊肉，体有异味；"达"则来自西方对蒙古人"鞑靼"的说法——此系遗风流宕所致也。

骚达子一词实"哨达子"的转音。哨达子在俄文中指步兵、小兵而言。曹雪芹未至俄国，何以知此并将其写入《红楼梦》？实在与他的所见所闻密切相关。

北京东直门内胡家圈胡同原驻有俄罗斯佐领。所谓俄罗斯佐领，即镶黄旗满洲都统第四参领第十七佐领，由顺治、康熙年间归附或俘虏的俄罗斯人丁组成，男丁百余。《钦定八旗通志》卷三《旗分志三》载：

第四参领第十七佐领，系康熙二十二年将尼布绰等地方取来鄂罗斯三十一人及顺治五年来归之鄂罗斯伍朗各里、康熙七年来归之鄂罗斯伊番等编为半个佐领，即以伍朗各里管理。后二次又取来鄂罗斯七十人，遂编为整佐领。

鄂罗斯即俄罗斯，尼布绰就是尼布楚，即今俄罗斯涅尔琴斯克，位于涅尔恰河畔、赤塔以东305公里处。康熙二十八年（1689年），中俄双方使团在尼布楚城签订条约，同意两国以额尔古纳河、格尔必齐河为界，并将尼布楚地区划入俄罗斯国版图。伍朗各里、伊番都是归顺的俄罗斯人首领的名字。

这些被迫滞留在北京的俄罗斯人，后来在本地所娶妻子，也多是犯妇。经过了数十年的混血和融合，满汉人的习俗、着装逐渐影响这些俄罗斯人。但他们在相貌、服饰、习俗等诸多方面，仍然保留着俄国人的一些特点，与北京城内的满汉人等，多有差异。比如俄罗斯佐领中的"哨达子"（即"骚达子"），因有作战需要，衣着通常较旗人的满洲样式更为紧身。

进入中国的俄罗斯人在乾隆时代的形象，不得而知，但有相应的资料可供参考。乾隆十六年（1751年）六月初一日，皇帝明发上谕，令各地督抚访其所属族民及外夷番众服饰、风俗绘图进呈军机处，以备御览。其中即有俄罗斯男、女形象。

曹雪芹笔下让林黛玉称呼史湘云为"骚达子"，不仅意在标明湘云裤子、帽子的打扮，更在于引起下文，进一步塑造人物形象。书中写道：

湘云笑道："你们瞧我里头打扮的。"一面说，一面脱了褂子。只见他里头穿着一件半新的靠色三镶领袖、秋香色盘金、五色绣龙窄小袖、掩衿、银鼠短袄，里面短短的一件水红装缎、狐肷褶子，腰里紧紧束着一条蝴蝶结子、长穗五色宫绦，脚下也穿着皮小靴，越显的蜂腰猿背、鹤势螂形。

常人读至此处，只觉话语专业难懂，不见其言外之味。庚辰本《脂砚斋重评石头记》在这里有双行夹批写道：

近之拳谱中有"坐马式"，便似螂之蹲立。昔人爱轻捷便俏，闲取一螂，观其仰颈叠胸之势。今四字无出处，却写尽矣。

"写尽"二字，在脂批中又常作"画出"。研究《红楼梦》的人，对这段文字都比较熟悉，专写湘云打扮紧身，虽遭黛玉嘲弄，却不觉突兀，与众钗身上常见的脂粉气不同，活灵活现地描摹了"骚达子"湘云自有其清爽俏皮的一面。

读脂批文，再返读《红楼梦》此处写作，即可见曹雪芹大笔妙处。书中顺势点出——

众人都笑道："偏他只爱打扮成个小子的样儿，原比他打扮女儿更俏丽了些。"

《红楼梦》除写及京师俄罗斯人，更写及京西万安山法海寺侧金川嘉绒藏人。《红楼梦》第六十三回《寿怡红群芳开夜宴　死金丹独艳理亲丧》中写道：

因又见芳官梳了头，挽起攥来，带了些花翠，忙命他改妆，又命将周围的短发剃了去,露出碧青头皮来,当中分大顶,又说:"冬天作大貂鼠卧兔儿带,脚上穿虎头盘云五彩小战靴,或散着裤腿,只用净袜厚底镶鞋。"又说:"芳官之名不好,竟改了男名才别致。"因又改作"雄奴"。

芳官十分称心,又说:"既如此,你出门也带我出去。有人问,只说我和茗烟一样的小厮就是了。"宝玉笑道:"到底人看的出来。"芳官笑道:"我说你是无才的。咱家现有几家土番,你就说我是个小土番儿。况且人人说我打联垂好看,你想这话可妙?"

往常以为"土番"是对西南少数民族统称,实则不然,清政府对西南少数民族的统称往往是"苗",而"番"则用于称呼四川、西藏、甘肃、青海交界地区的藏民。土番二字则见于《平定两金川志略》,云:

赞拉、绰斯甲布、布拉克底、巴旺、瓦斯等处,其男妇俱跣足披发、步行山,官书称为甲垄部,各土司民人俱呼之为"土番"。

所谓"甲垄部",就是嘉绒部,也即生活在四川西北一带的嘉绒藏族(处万山之中,多信仰自然万物为神)。

终曹雪芹一生,未远至四川西北,他笔下的"土番"形象来自身边,即距离其居所万寿山正白旗南二三里处万安山上的金川"番子"。

乾隆十二年(1747年),四川西北金川土司莎罗奔不时袭扰邻地,至骚扰驿站、阻断内地通往西藏交通。

清政府先后派大军征讨,因其地高山耸立、地势险峻,无大

骚达子

路可通,又,当地番民以碉楼防范——低者二十余米,高者有达五六十米者,清军损失惨重。

乾隆皇帝得前线战报,忧心不已,偶翻阅清朝前期实录,受战士云梯登城的启发,乾隆十三年(1748年),仿照金川地方居民碉房建筑——碉楼与住房结合,于金山董四墓一带山湾修建三处碉房,选调前锋营、护军营善于攀爬、舞刀兵丁,名"飞虎云梯营",加以训练攻占碉房之法,并陆续发往前线。

由于金川地方地僻民穷,不能支持长期战斗,遂请求投降。乾隆皇帝舍不得解散这支训练有素的特种部队,令征讨四川金川护军、前锋八旗精锐一千名驻扎于万安山、香山、寿安山一带,环绕香山静宜园——静宜园北寿安山有十方普觉寺行宫，静宜园南万安山则有松堂、旭华之阁、实胜寺、团城演武厅等皇家建筑，后复有宝谛寺、宝相寺，按八旗方位分别驻扎，名健锐营。

乾隆十四年五月，皇帝作《御制实胜寺碑记》，其中详细叙述了自己的考虑：

记不云乎，反本修古，不忘其初。云梯之习犹是志也，而即以成功，则是地者岂非绥靖之先声、继武之昭度哉！因命择向庀材建寺于碉之侧，名之曰实胜。夫已习之艺不可废，已奏之绩不可忘。于是，合成功之旅立为健锐云梯营，并于寺之左右建屋居之，间亦依山为碉，以肖刮耳勒歪之境。

"已习之艺不可废，已奏之绩不可忘。"也就是说，保证云梯兵的战斗力、纪念金川之役的胜利，是乾隆决定建立健锐营的两大初衷。

清政府不仅在香山山湾一带建造旗营、印房、团城阅武亭等设施，还在各旗营高坡上仿照金川碉楼样式建造各种碉楼——碉楼是从金川押来俘虏所建。

乾隆十五年（1750 年），皇帝的《御制番筑碉诗》诗序中写道："是营（健锐营）皆去岁金川成功之旅，适金川降虏及临阵俘番习工筑者数人，令附居营侧。"

其所谓"营侧"，即健锐营正黄旗后山、法海寺外，所谓"番子营"处。因独立成营，规模较小，亦名"小营"。番子营位置虽在正黄旗范围，却归健锐营正白旗管辖。

第一次金川战役，清军被打得生疼，皇帝在诗中自我安慰、并对建造碉楼的土番冷嘲热讽，乾隆十五年《御制番筑碉诗》云：

番筑碉，筑碉不在桃关之外，乃在实胜寺侧西山椒。
狼卡稽颡归王化，网开三面仁恩昭。
叔孙名子不忘武，伙飞早已旋星轺。
俘来丑虏习故业，邛笼令筑拔地高。
昔也御我护其命，今也归我效其劳。
番筑碉，不惟效劳，而乃忘其劳。
魋结环耳面頯幽页，嗜酒喜肉甘膻臊。
但得酒肉一醉饱，浑忘巴朗卡撒其故巢。
其妇工作胜丈夫，粉不能白尪且么。
不藉绳墨与规矩，能为百尺森岧峣。

整个香山地区，八个旗营先后建造起六十八座碉楼。按照《清会典事例·工部·营房·京师营房》所载，上三旗（正黄、镶黄、正白）每旗各建九座，下五旗每旗各建碉楼七座，正黄旗外八旗印房（总管八旗事务办公处）四角各建碉楼一座，又在附近建造五层碉楼两座，其余的都是三层或者四层。

碉楼建造在每旗的高坡上，分外扎眼。碉楼下，或者是各旗的档房，或者是各旗长官的居所。

整个香山山湾里，瞬间就建立起两千多个旗营、六十八座碉楼，寂静的香山，瞬间就变得热闹起来。

乾隆十四年（1749年），正是曹雪芹居住寿安山正白旗时期，他有感于清朝的赫赫武功，见番子营的土番，将其写入《红楼梦》。在书中，曹雪芹借贾宝玉之口、假匈奴之名，说道：

这却很好。我亦常见官员人等多有跟从外国献俘之种，图其不畏风霜，鞍马便捷。既这等，再起个番名，叫作"耶律雄奴"。"雄奴"二音，又与匈奴相通，都是犬戎名姓。况且这两种人自尧舜时便为中华之患，晋唐诸朝深受其害。幸得咱们有福，生在当今之世，大舜之正裔，圣虞之功德仁孝，赫赫格天，同天地日月亿兆不朽，所以凡历朝中跳猖獗之小丑，到了如今竟不用一干一戈，皆天使其拱手俛头缘远来降。

在文学与现实之间如意转换。

曹雪芹是伟大的文学家，其伟大之一处，正在对社会的广泛关照和生动再现。当我们了解历史，再读《红楼梦》，便能觉出文字之外的另一层意义。

（作者单位：北京曹雪芹纪念馆）

帝京风行花神庙

樊志斌

北京,地处华北北部,盛产花卉,尤其是丰台一带水脉丰沛,土地肥沃,非常适合花卉种植,历史上即享大名。乾隆时人潘荣陛的《帝京岁时纪胜》(成书于乾隆二十三年冬,记载北京节日、风俗为主)上记载,丰台"近泉宜花,居人以种花为业","京都花木之盛,惟丰台芍药甲于天下"。

北京城市居民喜欢养花、赏花,以各种花卉装点生活。《帝京岁时纪胜》称,正月里"梅萼争妍,草木萌动","迎春、探春、水仙、月季,百花接次争艳矣"。二月春花烂漫,有"丁香紫、寿带黄、杏花红、梨花白,所谓'万紫千红总是春'"。丰台人养花、卖花,造就了北京最雅致的花卉市场,《帝京岁时纪胜》记载道:

京师丰台于四月间连畦接畛,倚担市者日万余茎。游览之人,轮毂相望,惜无好事者图而谱之。如宫锦红、醉仙颜、白玉带、醉

颐和园花神庙

杨妃等类，虽重楼牡丹亦难为比。

北京园林非常重视使用本地花卉，明末京师最著名的清华园中即以花卉布置闻名。明末清初诗文家、学者孙国敉的《燕都游览志》（四十卷，是第一部描写北京风光为主的书籍）称："园中牡丹多异种，以绿蝴蝶为最。"明末清初人作《泽农吟稿》（见成书于乾隆四十七年，记录北京历史、景观、风物的《日下旧闻考》）则说："堤旁俱植花果，牡丹以千计，芍药以万计。京国第一名园也。"

清华园牡丹以品种多著称。康熙二十五年（1686年），清政府依清华园为基础建造畅春园。畅春园建成后，每年康熙皇帝大约有一半时间在此度过。康熙三十四年（1695年）四月二日，皇帝召近臣陈廷敬、张英赏花、泛舟。张英有诗云："斯景何异泛仙槎，瑞景轩南聚物华。魏紫姚黄都看遍，御栏千种洛阳花。"

中国文化中，以人喻花，根据花卉开放的时间和地点，赋予诸多花卉以人的性格与修养，如以兰花比喻君子，梅花、菊花比喻隐

濂溪樂處

彙萬總春之廟（花神廟）

濂溪乐处

士，牡丹比喻富贵，荷花比喻佛教清净等等。

　　正是因为将花卉赋予人性化的色彩，中国人逐渐形成花卉崇拜，并由此延伸出诸多信仰与民俗，总结起来主要分三种：花朝节日、花神形象、花神庙的建造与祭祀。

　　所谓花朝，即百花生日。明清时代，北京地区以二月十二日为花朝。《帝京岁时纪胜》"二月"条下有"十二日，传为花王诞日，曰'花朝'"的记载。花朝日，妇女剪彩为花，插在发髻上，或者粘在花枝上，用来欣赏。

民间还认为，花有花神，花神又分为总花神和单花神。《红楼梦》第七十八回《老学士闲征姽婳词　痴公子杜撰芙蓉诔》中，写晴雯死后宝玉的反应：

宝玉忙道："你不识字看书，所以不知道。这原是有的，不但花有一个神，一样花有一位神之外，还有总花神。"

又有芒种节"饯花神"的说法。《红楼梦》第二十七回《滴翠亭杨妃戏彩蝶　埋香冢飞燕泣残红》云：

至次日乃是四月二十六日，原来这日未时交芒种节。尚古风俗，凡交芒种节的这日，都要设摆各色礼物，祭饯花神，言芒种一过，便是夏日了，众花皆卸，花神退位，须要饯行。然闺中更兴这件风俗，所以大观园中之人都早起来了。

具体做法是：
那些女孩子们，或用花瓣柳枝编成轿马的，或用绫锦纱罗叠成干旄旌幢的，都用彩线系了。每一棵树上，每一枝花上，都系了这些物事。满园里绣带飘扬，花枝招展，更兼这些人打扮得桃羞杏让，燕妒莺惭，一时也道不尽。

明清之际，京师"祀花神"之传统节日风行。乾隆时期梨园抄本《堆花神名字穿著串头》（傅惜华藏），是目前可见"十二花神"扮相最早的文字记录，如：

大花神，正生色扮，戴花神帽，三髯，穿四时花顾绣出摆衣，手执金瓶，插牡丹花。

正月花神，为瘦岭仙官梅占魁，小生色扮。戴文昌帽，穿张生衣，执瓶，插春梅花。

每月都有各自的花神或花女，一直到：

十二月花女，为九英仙姥裝腊女，老旦色扮。白发，帕子兜头，着沉香缎老旦衣，外罩冰梅披风，帕子打腰，左手抱花神，右手执腊梅花。

花仙祠畔吹琼管　尚有何人擫指听

傅惜华（1907—1970）是清末生于北京的满族，著名的戏曲、俗文学研究家及藏书家。他指出："此钞本系乾隆时梨园故物，于此可窥见当时演唱《堆花》一场之花神，每人均有'报名'。而某种脚色扮某神，某神扮相与所持之花样，俱有准则，规律严谨如此，昆剧之价值亦可概见。"

既然有花神的崇拜，自然少不了物化的空间祭祀。雍正时期，浙江总督李卫在西湖岸上建造花神庙，"中为湖山土地，两庑塑十二花神，以象十二月。阳月为男，阴月为女，手执花朵，各随其月，其像坐立欹望不一，状貌如生焉"。

花朝节之际，民间百姓在花神庙前举办陈牲献乐、扮戏酬神的表演活动，宫廷亦有花朝承应戏，徐珂《清稗类钞·稗一·时令类》慈禧太后观看花神戏事：

莳花记事碑（今存北京大学）

　　二月十二日为花朝……侍孝钦观剧，演花神庆寿事：树为男仙，花为女仙，凡扮某树某花之神者，衣即肖其色而制之。扮荷花仙子者，衣粉红绸衫，以肖荷花，外加绿绸短衫，以肖荷叶。余仿此。布景为山林，四周山石围绕，石中有洞，洞有持酒尊之小仙无数。小仙者，即各小花，如金银花、石榴花是也。

　　由于花卉、花神崇拜，北京民间、皇家园林中都有花神庙的建造。明清时代，北京地区有多处花神庙，其中尤其以坐落在花乡丰台的花神庙最为知名。

　　丰台的花神庙复有西庙、东庙之分。位于花乡夏家胡同（丰台镇东纪家庙村北）的花神庙称西庙，草桥东南镇国寺村的花神庙称东庙。

西庙建于明代万历年间，由京城各花行及附近花农集资而建，清道光二十三年（1843年）重修。

庙门上悬"古迹花神庙"匾，庙南北长约22丈，东西宽约10丈。前殿3间，供奉着13位花神像及牌位，为总花神和十二月花神；后殿3间（供奉真武像），东、西配殿各14间。庙中有民间修庙建造的功德碑。

当地花农不仅捐资修葺庙堂，并建戏台演戏娱神。该庙是花农们祭祀花神的场所，也是丰台附近各处花行同业公会的会馆。

农历二月十二日"花朝"，北京花农云集此处，进香献花。三月二十九日，附近各档花会照例到此献艺，谓之"谢神"。届时，庙外空地还举办庙会，买卖鲜花、花籽、熏香草花；各色山货、农具、饮食、生活用品等也时有售卖。1949年后，花神庙改成北京第五十八中学，今为花神庙小学。

东庙亦建于明代，占地约3亩，寺内曾有5间大殿和东、西配殿，大殿中供奉三位花神塑像，墙上绘有各种花神像。光绪二十六年（1900年），被八国联军烧毁。

先农坛西侧的陶然亭，是文人聚集休闲之地，亦有花神庙一座，一名花仙祠，位置在陶然亭中央岛"锦秋墩"山顶，今已无存。

据传，该庙建于清康熙年间，"地一亩一房五间"，"里面有十二仙女像"。道光年间，诗人何兆瀛曾有"花仙祠畔吹琼管，尚有何人擪指听"的诗句。

蕃育群芳　香远益清

为保佑皇家园林花卉的繁茂，皇家园林内也择地建造花神庙，供奉花神。圆明园花神庙建于乾隆三十四年（1769年）（五月兴工，当年竣工），位于濂溪乐处景区前部。乾隆帝题名为"汇万总春之庙"。

濂溪乐处，为著名的圆明园四十景之一，是圆明园中面积最大的景区，是园内夏秋之际赏荷佳处。该庙之营建受杭州西湖花神庙的影响。嘉庆皇帝在后来的题诗中明确提到，该庙"庙制仿西湖"。

汇万总春之庙山门5间——山门前辟有码头一座，正殿5间（题额"蕃育群芳"），东、西穿堂殿各3间；正殿后为后楼9间，名"披襟楼"，内额"香远益清"。

清宫内务府奏销档载，汇万总春之庙室内装修，"山门内正殿添做悬山5座，山墩4座。与用松木胎骨垛塑、增胎青绿水色青苔，成做花树地景"，紧扣花神的特点与花神崇拜的主题。

汇万总春之庙建成后，每年花朝节，皇帝都会遣派内务府官员致祭。有时皇帝本人也会来庙内拈香。圆明园汇万总春之庙原有"莳花记事碑"两通，系乾隆十年（1745年）、十二年（1747年）圆明园数位总管捐资兴建，今均存北京大学燕南园内。

颐和园内也有花神庙两座。

颐和园花神庙位于苏州街北侧山上，光绪十四年（1888年）重修颐和园时增建，坐东朝西，面阔进深均一间，硬山式屋顶，檐下悬挂着"花神庙"的匾额，庙内供奉花神、地神和山神。光绪二十六年（1900年），八国联军侵略北京时，该庙遭到破坏，1990年复建。

另，颐和园里的德和园的东侧慈禧太后寿膳房（由寿膳房三所、寿茶房三所、寿药房一所、寿豆腐房一所组成，又称东八所）靠土山处亦有花神庙一座。

慈济寺花神庙，位于北京大学未名湖南岸，大致坐落于今天临湖轩到博雅塔的位置。该庙青水脊庙门，上悬"蕃育群芳"四个字。入门正殿三间，内塑十二司花之神。两屋山墙及后墙皆绘天女散花故事。殿东为六角双檐亭，五面皆墙，南面为石券门。入内台上塑龙王。

庙北环山遍植杏树及碧桃。每到农历的二月十二日都有人到此进香。该庙清末毁于大火，现仅存一座庙门，当年正殿旧址在今"斯诺墓"地方。

北京人生活、园林中的花卉种植、花神崇拜，是中国花卉文化的重要组成，反映了传统时代，北京人对生活中美的追求，是向往精雅生活的一种表现。

（作者单位：北京曹雪芹纪念馆）

慈禧其人

王道成

慈禧太后（1935—1908），中晚清同治、光绪两朝的最高决策者，她以垂帘听政、训政的名义统治中国四十七年。长期以来，有关慈禧的史学论著和文艺作品，大都只讲慈禧祸国殃民的一面，甚至把一些与慈禧毫不相干的恶行也加在慈禧的身上。在人们的心目中，慈禧已成为一个昏庸、腐朽、专横、残暴的妖后。那么，历史上的慈禧究竟是怎样一个人呢？

宽厚与残忍

1861年11月2日，慈禧在以奕䜣为首的贵族、官僚和帝国主义的支持下发动北京政变，从载垣、端华、肃顺等8位赞襄政务王大臣手中夺取政权，以垂帘听政的名义登上了统治者的宝座。但是，巩固政权比夺取政权要困难得多。为了赢得统治阶级和人民群众的支持，她做出了一系列重大的决策。其中，最值得注意的是对政敌的处理和清理狱讼。

北京政变后，载垣、端华、肃顺被革去爵职，拿交宗人府，会同大学士、九卿、翰、詹、科、道定拟罪名，照大逆律凌迟处死。慈禧将载垣、端华两位亲王改为赐令自尽。端华之弟肃顺改为斩立决。其余5人，原拟革职，发往新疆效力赎罪。因为景寿是道光皇帝的女婿，奕䜣的姐夫，慈禧对他的处分改为革职，仍留公爵并额驸品级，免其发遣。除穆荫照原拟革职，发往军台效力赎罪外，匡源、杜翰、焦佑瀛均改为革职，免其发遣。

查办载垣、端华、肃顺党羽时，仅将尚书陈孚恩、侍郎刘琨、黄宗汉、成琦、太仆寺卿德克津泰、候补京堂富绩6人革职。后来，从查抄肃顺家产中发现陈孚恩亲笔书信多封，并有暧昧不明之语。于是，查抄陈孚恩的家产，并照刑部所拟罪名，将陈孚恩发往新疆效力赎罪。但是，从查抄肃顺家产中发现的账目、书信，还涉及许多中央和地方官员，如果一一查办，势必株连甚众。为了表示自己"宽厚和平"，使这些官员放下包袱，慈禧谕令议政王、军机大臣，将此次查抄肃顺家产内账目、书信，"即在军机处公所公同监视焚毁，毋庸呈览"。

总之，这一大的政变，处理得十分圆满。原8位顾命赞襄政务王大臣，处死3人，处分5人；与其关系密切的处理了陈孚恩等6人，太监5人，共计19人。这与肃顺办理的戊午科场案动辄处分牵连数百人，不可同日而语。政变从发动到处理完毕，也只有一个月时间。时间之短促，也是令人吃惊。以上事实说明，慈禧是宽厚的。但是，在另一方面，她又十分残忍。她依靠曾国藩的湘军、李鸿章的淮军，先后镇压了太平天国、捻军以及回民和苗民起义。1864年

7月19日，湘军攻破太平天国的首都天京（今南京）的时候，分段搜杀，三日之间，杀害太平军将士十余万人，"秦淮河尸首如麻"。所谓的"同治中兴"，是建立在对千百万革命人民残酷镇压的基础上的。

革新与守旧

19世纪60—90年代，清王朝的一部分中央和地方官员主张学习西方近代的科学技术，训练新军，购买枪炮、军舰，发展中国的军事工业和民用工业，以达到富国强兵的目的。他们的代表人物，在中央有奕䜣、文祥，在地方有曾国藩、李鸿章、左宗棠、张之洞。尽管他们的改革没有触及封建专制的政治制度和社会制度，但是，在顽固派看来，却是"用夷变夏"，违背了祖宗成法和圣贤古训，所以，洋务运动一开始，就遭到顽固派的坚决反对。在洋务派与顽固派的斗争中，慈禧虽然采取了平衡的策略，一方面，支持以奕䜣为首的洋务派；另一方面，又扶植顽固派以牵制洋务派。但是，洋务新政毕竟利于清王朝的统治，所以，在顽固派气焰嚣张的时候，慈禧又站在洋务派一边予以压制。

1866年12月，奕䜣奏请在同文馆内添设分馆，招收科举出身的人员学习天文、数学。大学士倭仁亲自出马，上书慈禧，坚决反对。他认为，让科举出身的人员向外国人学习天文、数学是斯文扫地。他声称，中国之大，不愁没有人才，只要多方访求，一定可以找到精通天文、数学的人，为什么一定向外国人学习呢？慈禧让他保举几名精通天文、数学的人才，并由他负责选定地方办一个天文数学馆与同文馆分馆互相砥砺。他只好承认实无可保之人，慈禧又让他到主持洋务的总理事务衙门行走。倭仁一向痛恨洋务，现在要他去办洋务，感到是对自己侮辱，再三推辞，慈禧却不肯收回成命，弄得这位顽固派的代表人物十分难堪，他到上书房给同治帝讲课，有所感触，不禁流下了眼泪。倭仁最后以养病为理由，奏请开缺。经慈禧批准，免去他的一切职务。

由于慈禧的支持，洋务运动才得以冲破重重阻力向前发展，成为中国近代化的开端。

中日甲午战争失败后，帝国主义掀起了瓜分中国的热潮，民族危机空前严重。在维新派的影响下，光绪锐意变法，变法和反变法的斗争非常激烈，1898年6月11日，慈禧面告光绪："前日御史杨深秀、学士徐致靖言国是未定，良是，今宜专讲西学，明白宣示。"于是，光绪发布了由翁同龢起草的《定国是诏》，把讲求西学、变法自强作为清王朝的国策，使维新运动取得了合法地位。但是，这次变法，涉及了清王朝的政治体制，而慈禧改革底线是祖宗之法不能变。随着变法的深入，慈禧和维新派的分歧越来越大。特别是康有为建议的仿先朝开懋勤殿一事，选举英才，并邀请东西洋专门政治家共议制度，将一切应革之事全盘筹算，然后施行，更是慈禧所不能接受，当光绪向慈禧提出这一请求的时候，"太后不答，神色异常"，从慈禧的表情，光绪感到变法已出现危机。为了使变法能进行下去，康有为、谭嗣同等密谋策划，争取正在天津小站练兵的袁世凯以所部新建陆军入京，围颐和园，逼迫慈禧退出政治舞台。由于顽固派势力强大，袁世凯又是一个投机分子，根本不可能站在维新派一边。这场自上而下的改革失败了，谭嗣同等6人被杀害，康有为、梁启超逃亡国外，一些参与或支持变法的官员，受到了降级、革职、流放的处分，一切新政全被废除。

主战与求和

慈禧的一生，经历了从1840年至1900年帝国主义侵略中国的5次战争，第一次鸦片战争，她还是一个5岁的孩子。第二次鸦片战争，她已是咸丰皇帝的懿贵妃，以后的中法战争、中日甲午战争、八国联军入侵，她则是清王朝的最高决策者，从慈禧的主战与求和，可以看出慈禧与帝国主义关系的变化。

1860年9月21日，清军在八里桥之战中遭到失败，英法联军进逼北京，咸丰决定逃往热河避暑山庄，当咸丰即将出发的时候，懿贵妃极力谏阻，请求咸丰留在北京，继续抵抗，为此，她触怒了咸丰，差一点惹来杀身之祸。奕訢与英法联军签订《北京条约》，懿贵妃深以为耻，劝咸丰废约再战，因为咸丰病危，只好作罢。

中法战争爆发后，主战派和主和派的斗争非常激烈。慈禧将清军的接连失利归罪于奕訢的"因循委靡"，免去他的一切职务，其他4位军机大臣也全部罢免。但是，清政府内部的和战之争并未停止。1884年8月23日，法国军舰向福建水师发动突然袭击，福建水师全军覆没。慈禧谕令对法宣战，并将继续坚持和议的张荫桓等6位总理衙门大臣革职。1885年2月，法军攻占谅山，慈禧转向主和。镇南关的失守，慈禧更丧失了对战争胜利的信心。授权中国海关驻伦敦办事处的英国人金登干到巴黎与法国外交部秘密议和。1885年4月4日，授权金登干与法国政府签订《巴黎停战协定》。6月9日，又授权李鸿章，在天津与法国驻华公使巴德诺签订《中法新约》。

光绪二十年（1894年）十月初十，是慈禧的60岁生日，准备在颐和园进行大规模的庆祝。除了在颐和园大兴土木之外，还在从紫禁城西华门至颐和园东宫门跸路所经分设60段景点，建造各种形式的龙棚、经坛、戏台、牌楼和亭座。正当清政府紧锣密鼓筹备太后六旬庆典的时候，中日战争爆发了。中外舆论认为，中国必胜。光绪主战，慈禧亦主战，"不准有示弱语"。但是，当有人提出停止颐和园工程，停办景点，移作军费的时候，慈禧却非常生气，说："今天谁让我不高兴，我就要他一辈子不高兴。"后来，清军在朝鲜战场上接连失利，北洋水师在黄海之战中又遭受严重挫折。为了不影响自己的六旬庆典，慈禧希望外国出面干涉，尽快结束战争。她支持李鸿章避战求和的方针，以各种借口，打击以光绪为首的主战派。由于形势日益紧张，她不得不改变原来的计划，所有庆辰典礼，着仍在宫中举行，其颐和园受贺事宜，即行停办。在金州、大连相继陷落，旅顺万分危急的情况下，慈禧在紫禁城内的宁寿宫度过了她的60岁生日。1895年2月7日，威海卫日舰及炮台夹攻刘公岛，北洋水师全军覆没。1895年4月17日，李鸿章与日本代表伊藤博文签订了丧权辱国的《马关条约》。

义和团运动刚刚在山东兴起，开展"灭洋仇教"的反帝斗争的时候，慈禧是主剿的。她多次请令地方督抚"实力剿捕，毋得养痈贻患"。由于义和团的迅猛发展并进入北京，各国驻华公使在照会清政府强烈要求镇压义和团之后，又不顾清政府的反对，坚持调兵进京，在使馆官员的指挥下，肆意抓捕、驱赶、枪杀甚至炮击义和团及中国居民。统治集团内部，以载漪、刚毅、徐桐为代表的顽固派，主张招抚义和团，抗击列强。而奕劻、王文韶、刘坤一、张之洞、袁世凯等中央和地方官员，则主张痛剿义和团，避免列强的武装侵略。因为"外国人欺我太甚"，慈禧早已耿耿于心，对顽固派的意见非常欣赏。同时，她看到一份所谓的"洋人照会"，要勒令她归政，更是忍无可忍，决意宣战。就在这一天，八国联军已经攻占大沽口炮台了。6月21日，慈禧以光绪名义发布对各国宣战的诏书。但是，慈禧的决定，遭到了刘坤一、张之洞等地方督抚的反对。他们联名电奏清廷，力主剿团乞和，并积极活动，与列强订立条约，实行"东南互保"。慈禧的决心开始动摇。她一方面要求各省将军督抚认真布置战守事宜，并继续利用义和团围攻使馆、抗击八国联军；另一方面，她令荣禄前往使馆慰问各国使臣，并于北玉河桥竖立木牌，牌上大书"钦奉懿旨，保护使馆"。又分别致国书于俄、英、日、德、美、法等国国家元首，请他们出面"排难解纷""挽回时局"。将两广总督李鸿章调任直隶总督兼北洋大臣，准备与列强谈判。但是，八国联军并没有停止进攻，8月14日，进入北京。次日凌晨，慈禧带着光绪，在2000余名兵勇的护卫下仓皇出逃。令奕劻、李鸿章为全权大臣，与列强进行谈判。把战争的责任推到义和团身上，对义和团"痛加剿除"。经过几个月的反复交涉，除了参加侵略的俄、英、美、日、德、法、意、澳八国之外，又加上比利时、西班牙和荷兰共同拟定了议和大纲12条。12月22日，李鸿章从美国使馆抄得一份材料，立即电告军机处，转呈慈禧。慈禧看到没有将她列为祸首，也没有要她归政光绪，如获大赦。当天就电复奕劻、李鸿章，大纲12条，原则上照允，并发布上请，要"量中华之物力，结与国之欢心"。为了尽快达成和议，全部接受列强提出的条件。1901年9月7日，奕劻、李鸿章代表清政府与11个帝国主义国家签订了空前屈辱的《辛丑条约》。慈禧完全屈服了，清政府成了洋人的朝廷。

（作者单位：中国人民大学清史研究所）

慈禧的小名

董建中

中国人的名字问题很复杂，但人人都有的是小名，又称乳名。在过去，女子的小名雅称闺名或小字，是不足为外人道说的，许多丈夫往往一辈子也不知妻子在娘家时的小名。

咸丰帝知道慈禧（1835—1908）的小名吗？我们不清楚。可是慈禧的小名至今仍喧腾于万人之口，却是不争的事实。下面就让我们看看关于慈禧小名的各种说法。

"兰儿"说很流行

慈禧小名是"兰儿"，这种说法很流行，现在难以讲清楚它的记载源头。1916年蔡东藩写成《清史演义》，此时离清亡只有五年时间。该书第六十三回"那拉氏初次承恩　圆明园四春争宠"就明确说："那拉氏幼名兰儿，父亲叫做惠征，是安徽候补道员。"

慈禧太后

民国时期有的演义小说对此描述得更是绘声绘色，如李伯通《西太后艳史演义》说：道光十六年（1836年），惠征的佟佳夫人又怀孕了，"到得十月初十这天，夫人坐蓐临盆，忽梦着大大月亮入怀，一阵异香，还带些兰麝气味，当时产下一位千金，因取个乳名，叫做兰儿"。该演义还写道："不上两年，这兰儿又添个妹子，名叫蓉儿。"

慈禧出生在道光十五年，李伯通误作十六年了。但这些演义的说法应予重视，毕竟清朝官书是不记载慈禧的名字的。当然，慈禧的小名也不能仅凭这些演义为据。

清宫太监在回忆宫廷生活时（见《清宫太监回忆录》，收录于《晚清宫廷生活见闻》一书），提到了一种现象：

忌圣讳这件事，上年纪的人大概都晓得，在宫里，这更是一件最要紧的事。不单是与万岁爷名字同音的字不能上口，太后、妃、太妃的名字也一样。这些应避的字音是要牢牢记住的。比如大家都知道的小德张，本来他的名字是春喜，因为隆裕太后小名叫喜哥，喜字犯了圣讳，小德张就被改名叫恒太了。

《宫女谈往录》一书载述在慈禧身边服侍八年的一位何姓宫女的回忆，里面特别说到：

> 最讨老太后喜欢的还是在西头卧室里的一盆兰花。在宫里，谁都知道老太后的乳名叫兰儿，可谁也不说，都暗暗地记在心里，避着圣讳。譬如该给兰花浇水啦，我们只提给花浇水，不提兰字。如是偶然说一个兰字，老太后也不怪罪。

书中还提到，宫内称呼这位宫女为"荣儿"，而慈禧妹妹的小名叫"蓉儿"，因此慈禧管这位宫女叫"小荣子"，不带"儿"字，"也有时会偶然叫一声荣儿，但并不为这个改我的名字，说明老太后并不是鸡毛蒜皮的小事全顾忌"。

"兰儿"的"兰"字，宫女的解释是"兰花"，前引李伯通的说法是"兰麝气味"，两者有差别，但这反而说明了两种说法可能并不同源，相异的史料更增强了慈禧的小名是"兰儿"的可信度。

不过，依上面所说，宫里许多人都应知道慈禧的小名，但后来太监们的回忆又似乎无法印证这一点。太监信修明在慈禧身边八年，他晚年的著作辑为《老太监的回忆》一书，其中对慈禧极为同情，同时披露了外人不甚知道的一些情况，如慈禧是老子信徒，"广仁子"是她的道号；太后是位头发已然脱光、"脑袋成了秃瓢"的"秃老太太"。书中更提到了溥仪的乳名是午格，可惜没提及慈禧的小名。总之，"兰儿"说还有待于相关材料的进一步挖掘。

"玉兰""杏儿"与"阿翠"

慈禧小名是"玉兰"的说法流传也很广。1983年出品的电影《火烧圆明园》,在选秀女一场戏中就利用此说,巧妙地安排咸丰帝与慈禧见面,道具就是绣着玉兰花的手绢。也有的解释说,因咸丰帝最喜欢玉兰花,就将此名赐予获选入宫的慈禧。

咸丰帝是否喜欢玉兰花不得而知。有趣的是,野史中倒是记载了咸丰帝所喜欢的圆明园"四春"——也就是四个汉人女子海棠春、杏花春、陀罗春、牡丹春——都是以花命名,里面却没有玉兰花。

现在有人坚持认为,"兰儿""玉兰"的说法都是从慈禧入宫被封为兰贵人的"兰"字想象而来。这种观点也是值得重视的。

"杏儿"说是一种后起说法。源于2005年出版的那根正《我所知道的慈禧——慈禧曾孙口述实录》一书,作者自称是慈禧弟弟桂祥的曾孙,即慈禧皇太后内侄曾孙。按那根正的说法:"慈禧的乳名只有我们家人知道。"他是20世纪80年代初听父亲说起的:"慈禧的小名叫杏儿,学名叫杏贞。"并披露这小名是慈禧的爷爷给起的,原因是"当时家里种了几棵白杏树。在满族人看来,红杏没有白杏好,所以家里就种了这么几棵。这样,爷爷就给她取名叫杏儿"。

慈禧不仅有小名,竟然还有大名(学名),这真是言前人所未知。这种说法源于慈禧后人,自然不能忽视。现在网上不少文史爱好者已将慈禧定名为"叶赫那拉·杏贞"了。但清史学者冯其利曾发表《那根正先世考查》一文,对那根正所述先世事迹提出质疑。这实际上涉及他的作品从根本上是否可信的问题。

至于"阿翠"说,现在知道的人不多,但并非新出,反而可能是最早关于慈禧小名的一种说法。著名历史学家陈寅恪在《春柳堂记梦未定稿》中说："寅恪十余岁时，曾见日本人所著书，言后小名阿翠。曾朴《孽海花》亦有是说，但无从证实，姑附记于此。"

陈寅恪生于1890年，1902年赴日本，1904年再度赴日本，1907年回国，他见到日人所著书应是在1902—1907年间。曾朴的《孽海花》第二十七回，写到咸丰帝翻看秀女花名册：

翻到老佛爷的一页，只见上面写着"那拉氏，正黄旗，名翠，年若干岁，道光十四年十月初十日生"。

20世纪40年代，博洽多闻的冒鹤亭考订《孽海花》中的人与事，只是指出了"慈禧生道光十五年，非十四年"，并没对"名翠"说什么，见他的《孽海花闲话》。

今天我们看档案知道，记名秀女的排单也就是花名册，并不开列秀女的具体名字，也不具体写哪一天出生。再者，慈禧是镶蓝旗满洲人，后来抬入镶黄旗，因此正黄旗的说法是错误的。这么多的错误不禁让人对曾朴的说法生疑。

有一条材料差不多能够否定"阿翠"说。《宫女谈往录》里提到慈禧身边有叫"小娟子""小翠"的宫女，书中还写到慈禧屋里有两只缅甸猫，有一次，老太后微笑说："娟子、翠儿，看好大白、二白，回头我有赏。"

上面谈到慈禧不太顾忌宫女的名字与自己妹妹的相同，但若慈禧小名真是"阿翠"，那她绝对不会允许有叫"小翠"的宫女在身边的，起码也要命宫女改名，不会自己天天"翠儿""翠儿"地叫着。

是过度"消费"名人吗?

就清朝后宫而言,入关前努尔哈赤、皇太极的后妃名字,许多现在还都知道,但入关后情况发生了极大变化,如顺治帝的董鄂妃的名字,人们就不知道。再如清末有名的珍妃、瑾妃,唐海炘(他他拉·海炘)在《回忆我的两位姑母——珍妃、瑾妃》一文中说:

自二妃进宫后,我家从祖母到一般佣人都称瑾妃为"四主",珍妃为"五主"。"主"字是对后妃的尊称,"四"和"五"是按我家中同辈女孩的排列。从我记事起,家里就没有人敢提起二位姑母的真实闺名了。二位姑母到底叫什么,我也不知道。

珍妃、瑾妃的名字,到如今似乎也没有人知道。

不见记载,研究阙如,人们不知道这些女性名人的名字,这的确为文学影视等的创作带来了很大困难,总不能从出场到终了,不分场合一律都叫"董鄂妃""珍妃"吧。因此对她们进行必要的起名实属不得已而为之。

1948年出品的电影《清宫秘史》中,有一场戏表现光绪帝向珍妃吐露心声,称呼是"二妞"。虽然此镜头也令观众别有一番感受,但究不如呼她的真实闺名来得亲切。

中国人民大学清史研究所研究员曾黎力(笔名凌力)在创作历史小说《少年天子》(1987年初版)时,为董鄂妃起了一个好听的名字"乌云珠"。其实这是满语,意思是数字的"九十"。

慈禧太后的情况却是如此不同。她不是没有小名,而是太多了,以致到现在还莫衷一是。她的小名令后人津津乐道,固然有所谓

"名人效应"在，但这位清末最重要的风云人物生平的方方面面，包括小名之类"细枝末节"，对注重求真求实的历史研究者来说，确是必不可少的。

早在1910年就出版了英国人濮兰德、巴克斯的《慈禧统治下的大清帝国》（过去译作《慈禧外纪》）一书，第一章就是"叶赫那拉家世及慈禧幼年"，此章最后一段专门论述慈禧的名字（称谓），其中并没有提到她的小名，那是两位洋作者当时对此一无所知的缘故。

（作者单位：中国人民大学清史研究所）

红颜祸国？
从年妃之死看雍正「整肃」
— 董建中

清朝入主中原268年，以孝庄辅政始，以慈禧专权终，"女主政治"的意味不可谓不浓。但两位颇具心机与才干的"太后"之间的大约200年，清廷后宫相对安宁，女性干政绝非常态。

然而雍正帝登基不数年，力推改革，厉行肃贪，一度极得皇帝信宠的年羹尧兄妹突然相继"出事"，个中因由，未免令人遐想。到底真相如何呢？

雍正帝还在藩邸为王时，年羹尧的妹妹就成为了他的侧福晋（亲王侧妃），他做皇帝后，年氏册封为贵妃。年妃于雍正三年（1725年）十一月死去，十二月年羹尧也被赐自尽。

《清史稿·后妃传》说："妃薨逾月，妃兄羹尧得罪死。"语言含蓄，点到为止。

红颜祸国？从年妃之死看雍正「整肃」

胤禛行乐图

"精彩"解读

"我们往最好处想,她至少是自杀的;往坏处想,也许她是经世宗的示意而自尽的。"

在有些人眼里,年氏之死是年羹尧最后命运的一个变量:年羹尧的死罪不赦,是因为年妃病故他已失去了靠山。金承艺先生认为,此说不足据,年妃早也不死,迟也不死,却偏偏死在年羹尧被赐自裁前二十天,此为"怪事"也。

金承艺(1926—1996)先生是努尔哈赤的嫡长孙杜度后裔,有着清皇族的背景。20世纪60年代初胡适担任台湾"中央研究院"院长时,他曾是胡适的私人助理,后执教于澳大利亚墨尔本大学。金先生关注清朝皇族历史,特别是在雍正继位问题上有着独特见解,自成一家,是雍正矫诏篡位说的代表人物之一。金先生对年妃之死的探讨,散见于他对年羹尧、雍正帝之子弘时研究的论文,这些文章已收入《清朝帝位之争史事考》一书。

金先生从萧奭《永宪录》中看出了另一种"年妃之死"。该书记载:雍正三年十一月初三日,"上回銮进宫,贵妃年氏以不怿留圆明园"。同一天,"年羹尧械系至京"。二十二日,"贵妃年氏薨于圆明园。诏追册为皇贵妃"。金先生引用了雍正帝给礼部的谕旨:

贵妃年氏,秉性柔嘉,持躬淑慎。朕在藩邸时,事朕克尽诚敬,在皇后前小心恭谨,驭下宽厚和平。朕即位后,贵妃于皇考、皇妣大事,皆尽心力,实能赞襄内政。妃素病弱,三年以来,朕办理机务,宵旰不遑,未及留心商榷,凡方药之事,悉付医家,以致耽延,渐至沉重,朕心甚为轸念。著封为皇贵妃,一切礼仪俱照皇贵妃行。

礼臣奏，皇上五日不办事。亲王以下宗室以上五日不跳神，不还愿。俱穿素服。

那么，他从雍正这份上谕中看到了什么呢？请允许大段征引金先生的相关文字，因为实在"太精彩"了：

我们看完了上面这一段记载，该有什么感想呢？我们可以说什么"方药之事，悉付医家，以致耽延，渐至沉重"，全是骗人的胡说。年妃是"以不惮留圆明园"的。她应当是无病而突然死在圆明园的。《清世宗实录》《东华录》诸书在二十二日这一天只记"皇贵妃年氏薨"，并没有说她死在圆明园；更将上谕稍加改窜，置于十一月己酉（十五日）谕旨内，伪造年妃先期病重，给人以将死的错觉。

年妃随世宗驻跸圆明园，何以"上回銮进宫，贵妃年氏以不惮留圆明园"呢？当然是这时候年妃已经认识到事态极其严重了，她看出世宗有杀她哥哥的蓄意了，便祈恳世宗，望求能网开一面，却不能使世宗动摇。她知道灭门大祸将临，自己竟不能稍施援手，将何颜以对父兄。我们往最好处想，她至少是自杀的；往坏处想，也许她是经世宗的示意而自尽的。

年妃之归世宗在康熙四十八年（1709年），到雍正三年的时候，她与世宗已经有了十六年的夫妻关系，并且生育了三儿一女，世宗却仍忍心地逼她在忧惧中无奈死去，或她竟根本是世宗赐死的。

《永宪录》是私人著述，记录康熙帝在位最后一年即康熙六十一年（1722年）到雍正六年（1728年）的朝野大事，主要取材于当时的邸报，外加上作者的见闻。有些内容，不见于其他载述，是雍正朝难得的史料。金先生取材于此，极有眼光。问题是，金先生看重《永宪录》而贬斥《清世宗实录》，是否能够成立？真的能从这些不同的记述中，解读出年妃之死背后的秘密吗？

三问异说

雍正帝短暂离开圆明园主要是为了祭陵及祭天，是在各处奔波，因此有病在身的年妃留在圆明园很正常。

第一，《永宪录》所记载的"贵妃年氏以不怿留圆明园"，这不见于《清世宗实录》，也未见于他书，的确难能可贵。但不见于实录，是因为实录是以皇帝为中心，不记载一个贵妃留圆明园这样的细事，再正常不过。

那为什么年氏留圆明园呢？要知道，皇帝的重大行动定是预先安排的，据《雍正朝起居注》及《实录》，十一月初三日，雍正帝自圆明园进西直门由神武门回宫。接下来他做了什么呢？初四日见大学士、九卿，初六日乾清门听政，初七日御懋勤殿见大臣。因为十三日是康熙帝去世三周年祀典，又加之十二月初十日孝庄文皇后（雍正帝曾祖母）安奉地宫，因此要到清陵致祭。雍正帝于初八日这天出发，直到十四日回宫。

次日，雍正帝专门就年妃事下谕旨，这说明他正式得到了关于年妃身体状况的奏报。而这时又近冬至，十七日雍正帝亲自阅视祈天所用的祝版，十八日即冬至当日到天坛祭天，回宫，接着又回到圆明园。从以上日程可知，雍正帝短暂离开圆明园主要是为了祭陵及祭天，是在各处奔波。因此有病在身的年妃留在圆明园很正常。

第二，《实录》为何只记"薨"，而不记是在圆明园？

《清世宗实录》中所记薨逝者的例子不少。雍正八年五月初四日，"上闻怡亲王病笃幸王邸，比至，王已薨逝"。这里提到了允祥的"王邸"，这是薨逝记述中唯一写到地点的。而其他事例，如雍正二年十二月二阿哥允礽、五年闰三月圣祖荣妃、十二年十一月大阿哥允禔等薨逝，都未写地点，因此实录不记年妃之死的地点，无足为怪。

第三，实录窜改雍正帝的上谕了吗？即将十一月二十二日的上谕，偷置于十五日了吗？

下面是《清世宗实录》记载的十五日谕礼部内容：

贵妃年氏，秉性柔嘉，持躬淑慎……凡方药之事，悉付医家，以致耽延日久，目今渐次沉重，朕心深为轸念。贵妃著封为皇贵妃，倘事出，一切礼仪，俱照皇贵妃行。

《雍正朝起居注》中的这道上谕，也是系于十五日。特别值得注意的是其中"倘事出"三字，说明这时年妃还活着。二十二日丙辰，实录又有一条："皇贵妃年氏薨。上命辍朝五日。"

文件俱在，金先生所说的"伪造年妃先期病重，给人以将死的错觉"不能成立。

细心比较可知，《永宪录》所载的谕旨，是合并了十五日上谕与二十二日赐恤上谕，然文字有不同，区别之一，在于"倘事出"几个字不见了，可见《永宪录》作者没有见到单独的十五日上谕，故他才说"贵妃年氏薨于圆明园。诏追册为皇贵妃"。从十五日上谕可知，当天已封年氏为皇贵妃了，而不是二十二日死时追封的。《星源集庆》是记载皇室本支世系的档案，也是先写"晋封皇贵妃"，后再写她薨逝。

"事出"有因

雍正帝亲笔添加"倘事出",若此字眼果真含有"杀气",乾隆时期修雍正实录又何必保留呢?

更值得一提的是,我们今天还能看到雍正帝这道上谕的原件,可以知道,这是雍正帝口述旨意,然后大臣上呈拟稿,其中就有"著封为皇贵妃"字样,再经皇帝亲笔改动,包括添加了"倘事出"三字。

"倘事出"究竟何意?金先生特别关注了"倘事出":

世宗手谕中,指年妃身体素弱,病势沉重;诏旨最后更说:"倘事出,一切礼仪,俱照皇贵妃行。"多么可怕的"倘事出"三个字,但皇上已经给她划出道儿来啦,年妃天胆,敢不照着走吗?于是,十一月二十二日,年妃遂以"薨于圆明园"闻。

不知金先生是否真的看到了档案原件,他并没有指出"倘事出"这三个字是雍正帝亲手所加的,否则他会从中看出更多的精彩故事——雍正帝的"紧逼情势"跃然纸上。

"倘事出",也就是人还没有死,皇帝已经安排后事了。它是金先生所说的雍正帝在逼年妃死吗?我们看看《清世宗实录》中雍正帝预先安排他人后事的其他例子。

一个是在康熙朝就被废的太子允礽,即文中的二阿哥:

雍正二年十月壬午。王大臣等奏二阿哥病势甚笃。得旨:前看守之王大臣奏闻二阿哥病症,朕即下旨与王大臣于太医院择良医调治。昨者少愈,二阿哥披诚陈奏,感激朕恩,殊为可悯。今日医云病复变重,朕欲往看,恐二阿哥执为臣之礼,俟有事后,朕再往奠。

前二阿哥福金事，既照亲王福金办理，若二阿哥有事，亦应照亲王之例办理。

一个是大臣马武：

雍正四年十二月丙寅。上命皇四子弘历、庄亲王允禄视马武疾。谕曰：……马武事我皇考五十余年，朝夕侍奉，不离左右。……朕幼龄时，伊抱扶服事，备极小心，其情事宛然如昨。……是以朕闻其病势沉重，悲伤垂涕，不能自已，屡次降旨欲亲身前往看视，诸大臣合辞劝阻，至再至三，不得遂朕之愿，朕尚望其痊可。倘伊病果不起，著照伯爵赐与恤典，赏银一千两，并给与世袭阿达哈哈番（清朝爵位名——编者按），以示朕优眷老臣之至意。

通常情况下，皇帝在接到臣子的遗疏、遗折或是关于臣子去世的正式奏报后，才下旨赐恤。从上面的例子看，皇帝让人提前准备臣子后事，都是提高了赐恤规格，恰恰表明皇帝的异常关心，这种例子在整个雍正朝都不多见——哪里是金先生所说的"皇上已经给她划出道儿来啦"，要逼她死呢？！

再说，雍正帝亲笔添加"倘事出"，且此上谕的满文版也有"倘事出"，若此字眼果真含有金先生眼中的"杀气"，乾隆时期修雍正实录又何必保留呢？删去是极容易的事（对于上谕等的删除或细微改动的做法，在清代确实存在）。没有删，倒说明了当时人根本就没有金先生那么多心思。

无须自尽？

很难想象，雍正帝一方面令年氏自尽，一面还讨好似的册封她为皇贵妃，同时会如此喜欢她亲生的孩子。

雍正帝与年妃之间，感情到底如何呢？谈雍正帝的夫妻感情，没有直接材料可以凭借。不过，我们可以从侧面看出些端倪。雍正帝共有十子四女，年氏于康熙五十四年（1715年）生了第四女，五十九年生福宜，六十年生福惠，雍正元年（1723年）生福沛，依出生先后排序，以上分别是雍正帝的第七、八、九子。

可以肯定，在康熙末、雍正初那些年里，年妃最为得宠——因非出自年妃的雍正帝第五、第六子是康熙五十年出生的，而第十子直到雍正十一年才出生。

这还可以从她的孩子特别是福惠身上看得出，这一点金先生也是承认的：

福惠生于康熙六十年，从后来高宗谕旨中有"朕弟八阿哥，素为皇考钟爱"语，可知福惠幼时必为世宗最喜爱的皇子。他在雍正六年（1728年）殇逝，年仅八岁，世宗很痛悼，《世宗实录》上载，特命"照亲王例殡葬"。

很难想象，雍正帝一方面令年氏自尽，一面还讨好似的册封她为皇贵妃，照皇贵妃仪安葬，同时会如此喜欢她亲生的孩子，死后还追封为"怀亲王"。顺便说一句，年妃四年之中连生三子，这肯定会对她的身体带来不利影响。

再者，若依金先生所说，年妃被逼自尽，这表明雍正帝肯定不喜欢她了。但是，雍正帝死后入葬清西陵的泰陵，地宫中有他的皇后，再有就是年妃。尽管这是乾隆初年入葬的，不清楚是雍正帝自己还是乾隆帝的安排，但至少说明，时人认为她是受雍正帝宠爱的，因为清代的皇贵妃，不必然能与皇帝同穴安葬。

最后，也可能是"年妃之死"疑案中最关键的问题：她到底有没有为年羹尧之事向雍正帝求情？

金先生说："她看出世宗有杀她哥哥的蓄意了，便祈恳世宗，望求能网开一面，却不能使世宗动摇。她知道灭门大祸将临，自己竟不能稍施援手，将何颜以对父兄。"故最后自尽，或被迫自尽。

与此截然不同的说法是，年妃于雍正二年时回家省亲，见到年羹尧的种种僭越与狂妄，她揣度雍正帝心理，状告年羹尧，大义灭亲。清朝太妃省亲或在亲生皇子的府第居住是有的，但当朝皇帝的后妃绝无可能省亲。试想，若省亲期间与他人有染，那怀的是"龙种"还是"跳蚤"？这是一个严肃的问题。年妃省亲之说，纯属无稽之谈。

中国传统文化讲究"亲亲相隐"，告发兄长不是大义灭亲，而是忤逆不道，倒是为尊长求情，乃人之常理。但这事放在年妃身上，就有干预朝政之嫌，雍正朝还未见到后妃们敢有此类举动，故求情的说法，不能轻易相信。

退一步讲，年妃将死，罔顾其他，径向雍正帝求情，那么，是如金先生所说的求宽赦她哥哥一个人呢，还是整个年家呢？据清人笔记，年羹尧父年遐龄受累连坐，是大臣朱轼求情，使雍正帝改变主意。不论此事真与伪，已经退休的年遐龄最终只是罢黜了爵位，而时任工部侍郎的年羹尧兄长年希尧被免职，不过不出一个月（雍正四年正月），他就出任内务府总管，年家并没有"灭门"。

清史名家冯尔康先生的看法恰是，虽然年羹尧被赐死，或许年妃多少起到了一点保护她娘家的作用，当然这不会很大。真如是，年妃不必"无颜以对父兄"，而是父兄包括年羹尧都要感激她才是。另据学者研究，皇子弘历（即后来的乾隆帝）也曾求情，望能不杀年羹尧，虽然没有结果，但没有看到雍正帝由此对弘历的打击、报复。

总之，年妃就算求情了，即便是被雍正帝拒绝，也不必自尽。

"杀气"背后

一切缘于人们心中先有了雍正帝"狠毒无情"的形象，然后用年羹尧之死、用年妃之死再去证明这个形象罢了。

金先生笔下的年妃之死，让人感觉到了力透纸背的"杀气"，其实这"杀气"其来有自——用金先生的话说就是"狠毒无情"的雍正帝：

像世宗这样狠毒无情的人，他诛杀年羹尧的计划，早已成竹在胸了，岂会因为年妃去世于前，年羹尧失去了靠门的缘故，死罪才会遭致不赦？持这种想法的人，其主张正是倒果为因的肤浅之论。事实上，说年妃之死是世宗对年羹尧整肃政策下的另一个牺牲品，倒是真的。

他甚至将福惠的死因也归咎于雍正帝：

其实福惠的死，世宗才应是内心感到歉疚的人……世宗狠心地夺走了爱子母亲的生命，当时福惠只是个五岁的幼儿，失去了慈母的呵护与抚爱，三年以后的他的夭殇，世宗岂不应负更大的责任？

雍正帝与年羹尧君臣的恩怨变化，学者们已多有研究，雍正帝决意除去年羹尧，不会因为年妃之死而改变。年妃去世于前，年羹尧失去了靠山才死罪不赦的说法，固然不对，而金先生认为年妃之死是雍正帝整肃年羹尧的牺牲品，又走向了另一极端，虽极富新意，惜鲜有证据，不能成立。

金先生深受胡适治学理念的影响，但具体到年妃之死的探讨，可谓"大胆假设"有余，"小心求证"不足。一切都缘于作者心中先有了雍正帝"狠毒无情"的形象，然后用年羹尧之死、用年妃之死甚至雍正帝自己孩子之死再去"证明"这个形象。

（作者单位：中国人民大学清史研究所）

马戛尔尼还是马嘎尔尼？

董建中

George Macartney（1737—1806），是英国政治家、外交家，奉英国国王乔治三世之命，率领使团以给乾隆皇帝祝寿为名，于1793年抵达中国，欲通过谈判打开中国市场，却无功而返。

这是中西交往史上的一件大事，可谈话题很多，这里只看他的译名问题。

有"口"难辨

百度一下"马戛尔尼"，可以得到80万以上的搜索结果；输入"马嘎尔尼"，则有275万以上的结果。后一种在网络上的流行程度，远远大于前者。能以此判定是与非吗？当然不能。

再看两种权威的工具书：《中国历史大辞典》收录有"马戛尔尼"；《辞海》收录的是"马嘎尔尼"（该条目解释有"亦译'马戛尔

尼'"）。这两种工具书都是上海辞书出版社出版的。现今的正式出版物中，既有《马戛尔尼使团使华观感》，也有《怀柔远人：马嘎尔尼使华的中英礼仪冲突》，译名各异。

外国人的中译名出现两种乃至更多不同的写法，并不奇怪。若要论对错，不妨依据"名从主人"的原则，看看 Macartney 本人采用的是什么译名。

马戛尔尼

今天我们能看到 Macartney 写给乾隆皇帝的汉文谢恩信。起首是"嘆咭唎国使臣吗嘎哷呢谢大皇帝恩典……"这封信是由使团副使之子时年 13 岁小孩"哆吗嘶啨唻"所写。可以看出，人名及他们的国名，都是加"口"旁的。

笔者曾读到的一篇文章中说："即便到了与真正的西洋人打交道更为频繁的前清道咸时期，中国人对西方仍然缺乏真正的认识，充满了鄙视和轻蔑，不仅以'英夷''法夷'等称之，甚至还要在旁边加个'口'字旁或者'犬'字旁，简直是视之为非人类。"

前引谢恩信中的"口"旁字就不少，是上面说的那层意思吗？

对于老一辈见识广博的文化人来说，加"口"旁的原因乃是常识：

齐如山先生写过一篇文章《翻译的故事》（收入《齐如山随笔》），其中说："美国最初翻译为咪唎哩，后为米利坚，末了规定为美国。他每字多一口旁者，并无恶意，不过这是翻译的音。从前规矩多是如此。"周劭先生在《西洋人与跪拜》一文（收入《一管集》）中说到马戛尔尼，还特别加以注释："当时文书尚各加口旁，表示译音。"

以上是正确的解释，与蔑视外国人实在风马牛不相及。如果真有这层意思在，外国人也不至于自己使用这些"口"旁的字。再举一例：英国人对自己国王的介绍是"嘆咭唎国王嚤啥管哷吤（哂）国并嗳吇等处地方"，意为"英吉利国王雅治管理法兰西并爱尔兰等地"。

在当时的清朝官方文书中，Macartney 译作"吗嘎咹呢"随处可见。

"口"之去留

今天很难看见"吗嘎咹呢"之类的写法，这与"口"旁的去留有莫大关系。实际上，在清朝也并不是每个译音都必然加"口"，而从历史发展来看，"口"旁是在减少，就如上面齐如山所言，"咪唎㗖"后来变成了"米利坚"。

清朝时有将整个文件依音译出的情况。乾隆十八年（1753年），苏禄国（位于今天菲律宾苏禄岛）国王乞求内附清朝，主动将疆土、人丁户口编入清朝图籍。其表文的翻译有两种：一种是"译语"，也就是译音，一种是"译意"。"译语"如同天书，读来不知所云。但从中可以看到，并不是每个字都加"口"旁的。

在当时清朝官方文件中，Macartney 名字中的"尔"字有时也不加"口"旁。

另外，表示译音的"口"旁，在国内其他民族语言译成汉文时

马戛尔尼随团画师亚历山大笔下的乾隆皇帝

马戛尔尼还是马嘎尔尼？

也适用。如"乌鲁木齐",乾隆朝的上谕中就写作"乌噜木齐"。注意,只有"鲁"字加"口"旁。纪晓岚的《阅微草堂笔记》中有一则写到:"乌鲁木齐,译言好围场也。"并说他在当地时,就见到一个叫乌鲁木齐的人。今天若找到原书的初刻本,写的极可能是"乌噜木齐"。

"口"旁的使用日益减少,这是历史的趋势。民国时期所修的《清史稿》,在《暹罗传》中提到康熙时期暹罗国王的名字——森列拍烈腊照古龙拍腊马嗹陆坤司由提呀菩埃(这19个字应该是中国史籍中最长的名字吧)。其中只有两个带"口"旁的字,肯定不是康熙时的原书写情形。上面提到的苏禄文书中,其国王的名字写作"嘛喊味麻安柔律嶙",而在《清史稿》中写作"麻喊味安柔律嶙",相比,"口"旁少了。

那Macartney的译名情况呢?还是以《清史稿》为例,共出现过两次。

一次是在"军机大臣年表":"乾隆五十八年,松筠。四月庚寅(二十八日),以户部左侍郎在军机处行走。九月差送英吉利贡使马嘎尔呢赴粤。"这里写的是"马嘎尔呢"。

一次是在"邦交志":乾隆五十八年(1793年),"英国王雅治遣使臣马戛尔尼等来朝贡。"这里写的是"马戛尔尼"。

这两部分是由不同的人执笔,最后也未作统一。

不难看出,后一条材料中,英国国王"雅治"(George的音译,今通译"乔治")如同"马戛尔尼"一样,都是彻底将"口"旁去掉了。这也是应该的做法。而"马嘎尔呢",还有"马嘎尔尼"的写法无疑是"口"旁去掉得不彻底。

但这里面还是有令人困惑的地方。笔者查阅了许多书,包括民国时期的，如许国英、汪荣宝的《清史讲义》(1913年)、黄鸿寿的《清史纪事本末》(1915年)，也有近几十年的，如戴逸先生主编的《简明清史》(第二册，1985年)、郑天挺先生主编的《清史》(1989年)以及《清代全史》(第六卷，1991年)，使用的都是"马戛尔尼"。直到今天，这一写法在清史学术著述中使用也最为普遍。因见识有限，笔者没有找到"马嘎尔尼"的源出处，也不了解它如何流传及何以进入《辞海》的。

"嘎""戛"不休

在历史档案中也可见到 Macartney 另外的译法——"吗咁呢"，还有人译作"马加特尼"，这都是偶尔一见，不必讨论。如上所述，如果以"马戛尔尼"为正确译名的话，那么一个相关问题就是：马戛尔尼的"戛"字读什么音？

依音序本的《中国历史大辞典》(中册，1723页)，"马戛尔尼"辞条的上一条是"马嘉桢"(人名)，下一条是"马颊河"(河名)，可知"戛"字读"jia"(第二声)。

《辞海》(第六版，缩印本，1246页)"马嘎尔尼"的上一个辞条是"马腹一"(星座名)，下一个词条是"马肝"。无疑这里"嘎"读"ga"(第一声)。

我们不知道乾隆时期这个译音如何发音，而今天据 Macartney 的发音来看，读"ga"(第一声)是恰当的。

《现代汉语词典》最新的第六版，在414页上"戛"字有"ga"(第一声)的发音，用于法国的地名"戛纳"，而这个发音在笔者手头的1979年版的《现代汉语词典》中还没有。感谢词典编纂的与时俱进，为"马戛尔尼"的读音提供了权威依据。

表示译音（或广义上外来语翻译）的"口"旁，实际上离我们并不遥远。"吨""吋""呎""哩""咖啡"等，这些字还在用。翻看词典，会发现更多："唵嘛呢叭咪吽"（密教咒语）、"呋喃"（有机化合物）、"呵叻"（泰国地名），还有近年频频见于媒体的"二噁英"，等等。

近几年，有人将时髦的话语"玩得很high""high翻了"中的"high"字译为"嗨"。不知率先使用者是怎么想的，在笔者看来，尽管是选择了一个汉文中已存在的字，将来"嗨"字的此义能否添入词典也是未知数，但这实与中国传统文化中外来语带"口"的译法相契合，确是极好的翻译！

（作者单位：中国人民大学清史研究所）

"改十为于"说遗诏

— 董建中

雍正矫诏篡位"改十为于",是清史中最广为人知的故事之一。它说的是:"圣祖皇帝(指康熙帝)原传十四阿哥允禵天下,皇上(指雍正帝)将十字改为于字。"雍正非法继位之传言,以此最具代表性,但很遗憾,早就被争辩对手轻而易举地驳倒了。

今天我们旧话重提,无意发起又一轮争辩,而是想借此探讨一下,"道理"与"实际"之间,有时会有怎样的背离。

"于"还是"於"?

辩驳"改十为于"不成立的第一条理由是:"于"字在当时应写成繁体的"於","改十为于"的说法本身就不能成立。从"道理"上看,这不可谓不充分。

"改十为于"内中之义,无疑是篡改康熙帝的遗诏,那能不能换

世宗宪皇帝读书像

个问法：康熙帝到底使用"于"还是"於"呢？

康熙帝确实使用"於"字，下面是一个例子，在江西巡抚郎廷极康熙四十七年（1708年）所上奏折中，康熙帝有亲笔朱批：

"凡地方大小事关於民情者，必须奏闻才是。近来南方盗案颇多，不可不细心察访。"

但康熙帝也写"于"字的，他在康熙四十二年（1703年）苏州织造李煦的奏折上有朱批：

"巡抚宋荦，朕南巡二次，谨慎小心，特赐御草书扇二柄。赐李煦扇一柄。尔即传于宋荦，不用写本谢恩，以后有奏之事，密折交与尔奏。"

应该用"於"的地方，却分明写成了"于"。还有"与尔"也是用的今天所谓的简化字。那么面对着这一不合理的"于"字，臣下如何反应？

李煦将皇帝旨意传达给身为江宁巡抚的宋荦，宋荦上折谢恩，他在奏折中重抄了上述部分朱批文字，值得注意的是，最后一句中的"与尔"两字是用繁体字写成，但"于"字并没有使用繁体字的"於"。这充分表明，宋荦注意到了皇帝不符合"规范"的"于"字的写法。

宋荦是以这种独特的抄写方式，质疑朱批的真实性和权威性吗？根本不是。看看他对于两把御赐书扇的态度就可以知道："仰见我皇上诗兼风雅，书驾钟王（指钟繇、王羲之），臣什袭珍藏，世世永宝。"他丝毫不怀疑不"规范"的带"于"字朱批。

其实，这"规范"只是我们今天的规范罢了，实在是替古人瞎操心。曾有人推测，康熙帝有可能写"于"，现在终于"发现"了实例，一个足矣！我们能够说，仅就"于"字而言，如果康熙帝真有遗诏，如果雍正帝真的将"传位十四阿哥（或皇子）"，改为"传位于四阿哥（或皇子）"并公之于众，那么，臣下是不会以"一字之差"否认这份诏书的真实性和权威性的。因此，以清代诏书中"于"与"於"不能通用就直接否定"改十为于"说不能成立。

必须称"皇四子""皇十四子"吗？

判定"改十为于"不成立的第二条理由是，传位诏书这样的重要文件，清代必须用"皇四子""皇十四子"此类书写格式。若"改十为于"，就成了"传位皇于四子"（此时"于"的繁简问题不再重要），这在逻辑上根本讲不通。

"皇几子"格式的说法，有强有力的证据，如雍正帝所颁行的康熙帝遗诏中说："雍亲王皇四子胤禛，人品贵重，深肖朕躬，必能克承大统,著继朕登基,即皇帝位。"还有道光帝的亲笔秘密立储诏书:"皇四子奕詝立为皇太子,皇六子奕訢封为亲王。"以上这些原件具在,言之凿凿。

但我们还是可以追问一句:那时必须要用"皇几子"的书写格式吗?

顺治帝的传位遗诏是这么写的:"朕子玄烨……即皇帝位。"康熙时的册封,如康熙十四年(1675年),"授允礽以册宝,立为皇太子"。四十八年(1709年)复立太子允礽时,"允祉、胤禛、允祺俱著封为亲王"——这些重要文件都没有用"皇几子"的格式。

康熙六十一年(1722年)十一月十三日,康熙帝去世,十六日颁行康熙帝遗诏,四天后即二十日颁行雍正帝登极诏书。登极诏书的原件迄今未见,《清世宗御制文集》收录的版本说:

……惟我国家受天绥佑,圣祖、神宗肇造区夏,世祖章皇帝统一疆隅,我皇考大行皇帝临御六十一年……二皇子弱龄建立,深为圣慈钟爱……

这里的"二皇子",指的是允礽。值得注意的是,《上谕内阁》所收该诏书如是写道:

……惟我国家受天绥佑,太祖、太宗肇造区夏,世祖章皇帝统一疆隅,我皇考大行皇帝临御六十一年……皇二子弱龄建立,深为圣慈钟爱……

同一份诏书的不同抄录版本,"二皇子"写成了"皇二子"。

何以如此呢？原来，十一月二十日的诏书，用"圣祖、神宗"指代皇帝先人，但是八天后即二十八日雍正君臣议定康熙帝的庙号为"圣祖"。如此一来，诏书中既有"圣祖"，又有"皇考大行皇帝"，后人看了肯定会莫名其妙，以为说的都是康熙帝。后来雍正君臣在编纂以往上谕时，对此做了必要的改动，改用"太祖、太宗"指代先人，同时也将"二皇子"改为"皇二子"。乾隆时纂修《清世宗实录》采用的是改动后的诏书，也成为了最常见、通用的版本。

康熙帝传位遗诏和雍正帝登极诏书，都是最重要的文件，且前后相继颁布，上述书写格式的不一致，充分说明了康熙帝传位之际，"皇子"的书写并无固定格式。册封、传位等正式文件中"皇几子"格式用法，应是雍正以后才确定的。

也正是因为当时没有固定的称呼格式，才会有更多的传言。朝鲜人记载说：康熙帝在畅春园临终时召阁老马齐言曰："第四子雍亲王胤禛最贤，我死后立为嗣皇。胤禛第四子有英雄气象，必封为太子。"

后来索性有了矫诏篡位的另一种版本：改"十"为"第"。民国时期天嘏所著的野史《满清外史》说：康熙帝弥留时，手书遗诏曰："朕十四皇子，即缵承大统。"雍正帝改"十"字为"第"字。

以"皇几子"的书写格式为据，反对"改十为于"说，实际上是受到了后世官方文件书写的影响，以此作为判定较早期的康熙帝传位书写的标准，这是时空倒置，不足为凭。

是书面遗诏，还是临终遗言？

第三种反对意见认为，遗诏这么重要的文件，康熙时不可能只有汉文，也须有满文，或首先应是满文；即便汉文改了，满文的内容也难以篡改，绝不像改汉字"十"为"于"那么简单。对于"改十为于"说，此乃釜底抽薪的一击。

问题复杂，无法细辩，只是想指出，此说法同上面的一样，都过于讲求"道理"而忘了"实际"。反对"改十为于"矫诏篡位说的，恰恰与他们的论敌有一共同的前提，即认为确实存在康熙帝的遗诏。这里所说的遗诏不是指前面引述过的，雍正帝即位后公之于天下的康熙帝遗诏（此遗诏是在康熙帝去世后制作的），而是指康熙帝临终前的遗诏，且它必须是书面遗诏，否则何谈篡改？

但真有这样一份遗诏吗？

雍正帝第一次谈到他继位的情况，是在雍正元年（1723年）八月秘密立储之时。他说得很简单："我圣祖皇帝……去年十一月十三日，仓促之间，一言而定大计。"在"仓促""一言"的氛围中，分明不会有什么书面遗诏。第二年，雍正帝又说："前岁十一月十三日，皇考始下旨意……皇考陟天之后，方宣旨于朕。"到了雍正五年他又说："皇考升遐之日，召朕之兄弟及隆科多入见。面降谕旨以大统付朕。"直到雍正七年，他在亲自颁行的《大义觉迷录》一书中为自己继位辩解时，还是如此立场，那就是：康熙帝只有"末命"，也就是临终遗言，是口头遗诏，而没有书面遗诏。

这不是偏听雍正帝一面之词。隆科多曾自言："白帝城受命之日，即是死期已至之时。"对于这句话的意思，后世众说不一，但没有人否认隆科多是康熙帝临终皇位授受的见证人。"白帝城受命"与上面雍正帝所说的场景一致，都在表明了康熙帝传位，只有临终遗言，没有书面遗诏。

"改十为于"只是谣言，乃争夺皇位失势的皇子身边的太监所编造，目的在于泄私忿。而历来此说的反驳者自信"道理"在握，但未曾想到自己与被反驳者一样，从一开始就远离了"实际"，因为没有书面遗诏，那些关于诏书的种种"道理"，统统都无从谈起。

（作者单位：中国人民大学清史研究所）

乾隆年间碧云寺山泉阻塞事件

樊志斌

一、碧云富于水

碧云寺位于香山，面东而建，虽然位于静宜园垣外——碧云寺位于静宜园北侧一处隆起的山丘上，两道山谷夹寺而下，南道山谷从碧云寺山门前北折，与北侧山谷合——却由于风水上佳、风景秀丽、规模敞丽，而为清代皇帝所喜爱。

碧云寺始创建于元至顺二年（1331年），系宰相耶律楚材后裔耶律阿勒弥舍宅开山而建，始称碧云庵。明正德年间（1506—1521）御马监太监于经曾在寺后营建生圹，对寺进行扩建，并改碧云庵为碧云寺，后魏忠贤亦在此营建生圹，规模辉煌，宛若宫殿，但二人均获罪，未能葬于此地。

清乾隆年间，对碧云寺进行大规模修建，除对原有殿宇重加修葺外，复于乾隆十三年（1748年），按西僧所贡奉的图样建金刚宝座

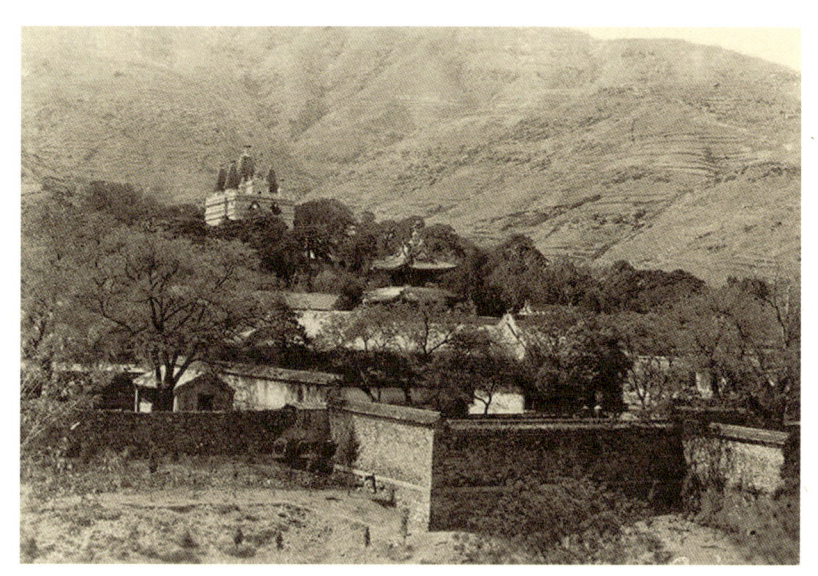

碧云寺老照片

塔，还新建了行宫和罗汉堂。

在北京诸多古寺中，碧云寺历史算不得悠久，与其同在一山、相距数里的大永安寺即建于唐初。

碧云寺著名的是水。

清代皇帝颇好园居，而园林最重要的部分即是水。于是，如何保证园林系统的供水就成为皇帝极为关注的问题。

乾隆帝深受汉文化影响，尤爱传统园林，香山静宜园因山势变化多端，林木茂盛，泉源众多，最符合山地园林的要求，而备受青睐。

碧云寺以泉水知名，其卓锡泉水质甘洌，水量丰沛，在泉源密布的京西山脉享有盛名。明代大文学家袁中道即在其《游西山记》中称，碧云以泉胜。

康熙年间，皇帝驻跸碧云寺，建有行宫。乾隆年间，不仅扩建碧云寺，还兴修了自碧云寺、樱桃沟引泉水至玉泉山的水利工程。

因此，碧云寺泉水不仅关系到碧云寺及行宫的供水，还直接关系到玉泉山静明园西部的景观维护，备受皇帝的重视。

二、挖煤与保泉：乾隆四十二年碧云寺断水事件

香山至门头沟一带是北京地区的产煤区，煤矿开发历史颇为悠久。

不过，矿脉与水脉往往密切相连，挖煤，尤其是规模较大时，自然会影响到泉脉的走向、泉水的喷涌。故康熙四十四年（1705年）八月，西城兵马司特立碑警示，云：

山前龙脉之地，奉旨永禁开煤。如有光棍偷挖土石，拿解按律治罪。

尽管如此，乾隆年间，碧云寺还是曾经发生过两次泉源断流事件。

第一次碧云寺泉水断流发生在乾隆四十二年（1777年），第二次发生在六年后，即乾隆四十八年（1783年）。

乾隆四十二年十月，军机大臣和珅授职兼任步军统领，其家人在碧云寺一带开办煤窑，将碧云寺泉源掘断，定亲王绵恩奉旨查办。吴熊光《伊江笔记》对此事有明确记载，云：

香山碧云寺泉路为附近煤窑挖断，寺中无水，管理三山大臣具奏。奉旨，命定亲王往勘堪，缘煤窑系管理步军统领和珅请开。

此次碧云寺泉路断流事件在皇帝的直接干预下很快复流，并没有引发大的风波，不过，六年后碧云寺断流事件引发的震动就大得多。

三、乾隆四十八年碧云寺泉水堵塞事件

据《清高宗实录》记载，乾隆四十八年（1783年）初，静宜园姚良奏报：

静宜园碧云寺之泉，自上年十二月以后，竟无来水，现将山石拆开，淤泥渣土，全行出净，究不能得水。

乾隆帝看到姚良奏折后，不以为然。在他看来，碧云寺泉水系有源之水：

与玉泉、趵突泉相同，从来未至枯竭。此时，或来源不能旺发，泉源细微，尚属事之所有，断无竟成干涸之理。自系伊等办理不善，见水源甚微，即称不能得水。

不过，根据经验，乾隆帝也指出另外一种可能，即"该处附近泉水上游，开挖煤窑泄水，以致泉水不能接续而至，俱未可定"。

为了弄清碧云寺泉水细微的原因，乾隆四十九年（1784年）三月，乾隆帝下谕：

绵恩会同金简前赴该处，带领营汛园庭官员人等，细加履勘，其泉口淤塞究系何故，并将如何疏浚流通之处，即行据实酌办奏闻。再交姚良遵照办理。

绵恩等奉旨前往碧云寺，并令碧云寺该管人员进行清理。结果，经过实地查看，并将泉源"刨深二尺，见石块堵塞，泥土淤滞泉口，因揭石去泥，遂得泉水涌出，如常畅流"。

绵恩本以为此事已结，不过因为土石淤塞导致泉水断流。于是，绵恩将勘察的结果和处理过程都报告给皇帝。

孰料，"二十一、二等日，该寺官员来报，泉水不见增长，且消去一尺有余"。如此情况引发了乾隆皇帝对该次碧云寺泉水断流的彻查。接到汇报后，乾隆皇帝令绵恩等人再次到碧云寺进行勘察，并"派人复行疏浚"。

绵恩赶到碧云寺，令人再次清理泉源。在下刨了二尺多以后，绵恩看到了令他意想不到的事情。只见，"油灰麻刀堵塞泉口之内"。绵恩急忙令人"尽行剔取，则泉水依然畅流"。

泉口之内堵塞油灰麻刀，"显有情弊"，绵恩对相应官员进行讯问。别人倒还正常，只有"苑副明庆神色消沮，言语支离"，意图含混遮掩，声称，泉源堵塞是因为"修舱水池，油灰流入"。

绵恩认为，明庆与负责修舱水池的园丁匠役应对此事承担责任。他向皇帝请示："将明庆革职，并修舱水池的园丁匠役交部严审。"

四、乾隆帝彻查碧云寺泉水堵塞事件

乾隆帝接到绵恩的回报，知道泉口"复有油灰麻刀堵塞泉口，以致泉水消落"的事情后，非常恼怒。在他看来，"泉源或经本处土石淤塞，流行不畅，尚属事理所有。若油灰麻刀，何自而来？"

由于绵恩奏折中并未提及泉源的确切位置，乾隆帝指出："泉源若与试泉悦性山房相近，则园庭禁地，谅难舞弊。自必于园墙之外，另有来源。"他让绵恩等人再往碧云寺，详细勘察泉源的位置及整个事情的原委。

乾隆帝认定，泉口内的油灰麻刀系碧云寺管理官员所为。之所以有这种推断，是皇帝对碧云寺周边经济因素和利益分配的了解和考量所致。

乾隆帝认为，煤商于碧云寺上游开挖煤窑，负责驻守护卫静宜园、碧云寺的官兵"略沾余润，原所不免"；而"园庭官员匠役，不能得利，自必挟嫌将泉源堵塞，令窑商已开之窑封闭，不能得利，反致亏折，以泄其勒索不遂之忿，转致因私偾公"。

因此，乾隆根本不相信泉口的油灰麻刀是因为"修葺水池"时流入的，他指出，如果泉源堵塞是因为"修葺水池，油灰流入"，则"泉水涌出，油灰等物，皆当随水外流，断无转行流入之理。如此支离，实为欲盖弥彰。总之，该员必有挟嫌图利"。

乾隆帝还特别指示，如果确如自己所言，"从前刨挖疏浚之处（即泉源），本在墙外，则应于该处安设堆拨，派营卒看守，令其小心巡查"。

随后，乾隆第六次南巡。即便在南巡过程中，他也仍然关心碧云寺泉水堵塞原因的调查情况。

留京王大臣经过调查，终于弄"清楚"了事情的原委。原来，"悦性山房堵闭泉水一案，系窑商韩承宗等误将泉路刨断，于绵恩等前往该处履勘疏浚时，该商等复暗中戽水，灌注入池"。后来，绵恩在泉口发现的麻刀油灰,则是明庆指使瓦匠温进德放进去的。

事情至此,乾隆帝尚不罢休,他对静宜园各管官员都进行了斥责:

此中情弊,姚良乃专管之人,断无不知,何以到案不即行供明,惟认胡涂,直似与己无涉。

福善既供煤窑与碧云寺泉道相通,有人力灌溉,求将窑座封闭,便可明白。是福善早已悉其底里,何以不于绵恩等查参时,即行呈明。

明庆见池内水泉增长,即系灌注之水,亦可源源接济,自属有益。何以又令瓦匠温进德将石灰麻刀搋入池内,欲行堵塞。

乾隆帝指出:"以上各情节,王大臣等并未切实根究,著再详悉研鞫,务得确情。"

由于窑商韩承宗自请赔修引沟,用以接济寺内来水。乾隆帝指示:"务使永远接济,不致复有干涸之事。"

韩承宗称,他要"设法在窑内接通活水"。对此,乾隆帝也很关心,他要绵恩查勘明确,韩承宗要接的水源"是否系窑中新得之水,抑系碧云寺旧有之泉"。另外,对于妨碍泉水的煤窑,乾隆帝令绵恩"俟引沟修竣,泉源复旧时",查明是哪座煤窑,再行查封。

至此,这件离奇的泉源堵塞案才告一段落。

(作者单位:北京曹雪芹纪念馆)